e-Procurement

Springer
Berlin
Heidelberg
New York
Hongkong
London
Mailand
Paris
Tokio

Alexander-Philip Nekolar

e-Procurement

Euphorie und Realität

Mit 60 Abbildungen

Springer

Dr. Alexander-Philip Nekolar
Telekom Austria AG
Wiedner Hauptstraße 73
1040 Wien
Österreich
alexander.nekolar@telekom.at
www.e-procurement.info

ISBN 3-540-43980-3 Springer-Verlag Berlin Heidelberg New York

Die Deutsche Bibliothek – CIP-Einheitsaufnahme
Nekolar, Alexander-Philip: E-Procurement: Euphorie und Realität / Alexander-Philip Nekolar. – Berlin; Heidelberg; New York; Hongkong; London; Mailand; Paris; Tokio: Springer, 2003
ISBN 3-540-43980-3

Springer-Verlag Berlin Heidelberg New York
ein Unternehmen der BertelsmannSpringer Science+Business Media GmbH

http://www.springer.de

Umschlaggestaltung: Erich Kirchner, Heidelberg

SPIN 10887666 42/2202-5 4 3 2 1 0 – Gedruckt auf säurefreiem Papier

Widmung

Ich danke meinen Eltern für ihre unendliche Liebe und Unterstützung, welche Sie mir Zeit meines Lebens haben zukommen lassen. Alles was ich bin, verdanke ich ihnen und auch meinem Bruder Christoph, der all die Jahre unserer Kindheit und Jugend an meiner Seite gestanden ist.

Ebenso bedanke ich mich bei meiner Freundin Peti und meinen Freunden, welche mir sehr viel bedeuten. Pater Schenker SJ war mir während meiner Schulzeit im Kollegium Kalksburg mit seinem Verständnis, seiner großen Menschlichkeit und seinem Lateinwissen ein wahrer Freund. Durch seinen allzu frühen Tod war ich nicht mehr in der Lage, ihn das wissen zu lassen. Ich werde ihn stets in dankbarer Erinnerung behalten. Weiters danke ich allen nahen Familienmitgliedern, welche mich stets mit ihrer Fürsorge begleitet haben und begleiten.

Die Professoren Prosser und Taudes und Herr Bergmann haben mich stets unterstützt und mir auf diese Weise einen schnellen Studienfortschritt ermöglicht. Allen Herren gilt mein besonderer Dank.

Hier mein Geheimnis. Es ist ganz einfach: „Man sieht nur mit dem Herzen gut. Das Wesentliche ist für die Augen unsichtbar." „Das Wesentliche ist für die Augen unsichtbar", wiederholte der kleine Prinz, um es sich zu merken. „Die Zeit, die du für deine Rose verloren hast, sie macht deine Rose so wichtig." „Die Zeit, die ich für meine Rose verloren habe..." sagte der kleine Prinz, um es sich zu merken. „Die Menschen haben diese Wahrheit vergessen", sagte der Fuchs. „Aber du darfst Sie nicht vergessen. Du bist zeitlebens für das Verantwortlich, was du dir vertraut gemacht hast. DU bist für deine Rose verantwortlich..." „Ich bin für meine Rose verantwortlich...", wiederholte der kleine Prinz, um es sich zu merken."

„Le Petit Prince", Antoine de Saint-Exupéry

Vorwort

e-Procurement stellt für viele Unternehmen eine sehr einfache und effiziente Möglichkeit dar, um Kosteneinsparungen im Einkauf und durch Prozessoptimierungen nachhaltige Wettbewerbsvorteile zu erzielen. Die anfänglichen Schwachpunkte der Systeme gehören der Vergangenheit an und nach der erfolgten Konsolidierungswelle im e-Business Bereich können Kunden nun auf wenige aber zuverlässige Systeme mit einer großen Anzahl von Referenzimplementierungen zurückgreifen. Das Buch beschreibt die wesentlichen Erkenntnisse, welche im Laufe der Jahre bei der Implementierung von e-Procurement Systemen gewonnen wurden und geht auch (als erstes Buch über e-Procurement nach der Konsolidierungsphase im e-Business Bereich) auf die erfolgreichsten Lösungsansätze, Standards und Softwareanbieter in der EU und der Schweiz (mit dem Fokus auf dem deutschsprachigen Sprachraum) ein.

Dieses Buch gibt Anregungen, über die möglichen Arten und Formen von e-Procurement, sowie die richtige Planung und Implementierung von solchen Systemen. Dem Leser werden wichtige Informationen, welche vor dem Treffen von Entscheidungen und dem Festlegen der neuen Einkaufsstrategien bedacht werden sollten, gegeben. Es wird eine Aufstellung und ein Vergleich wichtiger, im deutschsprachigen Raum vertretener, e-Procurement Systemanbieter aufgezeigt. Auf Grund von Erfahrungen bei der Umsetzung von e-Procurement Lösungen bei führenden Unternehmen werden mögliche kritische Faktoren näher beleuchtet und Praxistipps gegeben, damit mögliche Problemfelder erst gar nicht entstehen. Es wird auf die erfolgreichsten Lösungsansätze, Standards und Softwareanbieter eingegangen. Neben der Anbindung und der Integration in die bestehenden ERP Systeme stellen auch weitere wesentliche Technologien (wie die der digitalen Signaturen etc.) welche im e-Procurement Umfeld oft eingesetzt werden, im Blickfeld. Die Planung und Durchführung von e-Procurement Projekten wird basierend auf Projektmanagement Know How mittels Beispielabläufen in Theorie und Praxis erläutert.

Obwohl dieses Buch auf die kritischen Faktoren bei der Implementierung von e-Procurement Projekten fokussiert ist, wurde dennoch auf Grund der Neuheit der Materie nicht auf eine kurze Einführung in die e-Procurement Thematik verzichtet. Den Abschluss dieses Buches bildet ein Überblick über die gegenseitigen Abhängigkeitsverhältnisse der möglichen Problemfelder bei Implementierungsprojekten. Alle Graphiken und Abbildungen können zusätzlich zu der gedruckten Version für Käufer des Buches auch von der Homepage www.e-procurement.info in hoher Auflösung und in Farbe heruntergeladen werden. Wesentliche Vorlagen für eine schnellere Umsetzung (wie etwa im Bereich des Projektmanagements von e-Procurement Projekten) können ebenfalls als Vorlagen heruntergeladen und rasch an die individuellen Bedürfnisse angepasst werden. Dies reduziert die Umsetzungs-/Implementierungszeiten für Praktiker enorm.

Inhaltsverzeichnis

1 e-Procurement Background Informationen

e-Procurement ist derzeit eines jener Themen, mit welchem sich viele Unternehmen in der EU und in der Schweiz auseinandersetzen. In den vergangenen Jahren hat eine Großzahl der Unternehmen ihre Absatzwege mit ihren Handelspartnern voll integriert, und nun ist es an der Zeit, die Beschaffungsseite der Unternehmen zu automatisieren und deren Effizienz zu steigern. Obwohl dieses Buch auf die kritischen Faktoren bei der Implementierung von e-Procurement Projekten fokussiert ist, soll dennoch auf Grund der Neuheit der Materie nicht auf eine kurze Einführung in die e-Procurement Thematik verzichtet werden. Dies ist insbesondere essentiell, da es sich bei e-Procurement um eine vergleichsweise neue Möglichkeit der betrieblichen Leistungssteigerung handelt.

1.1 Definition e-Procurement

e-Procurement hilft Unternehmen, Waren und Dienstleistungen zu den geringsten Gesamtkosten zu beschaffen, wobei der gesamte Einkaufsprozess von der Planung über die Beschaffung bis zur Bezahlung automatisiert wird[1].

1.2 Kosteneinsparungspotentiale von e-Procurement Lösungen

e-Procurement Lösungen verdanken ihr derzeitiges reges Interesse vor allem dem enormen Einsparungspotential, welches diesen in der Blütephase des e-Business (Ende 2000) nachgesagt wurde. Es wurden Untersuchungsergebnisse zum Beispiel vom Wall Street Journal veröffentlicht, welche von Einsparungsmaßnahmen von bis zu 80 % der Transaktionskosten berichteten. e-Procurement Lösungen waren mit relativ einfach zu rechnenden ROI (Retourn on Investment) Zahlen und schnellen Implementierungszeiten die Stars der e-Business Branche in Bezug auf Wirtschaftlichkeit und Produktivitätssteigerung.

Aktuelle Zahlen, welche nach der e-Business Euphorie erhoben wurden zeigen jedoch ein anderes Bild. Hier ist „nur“ mehr von einer Reduktion der Transaktionskosten von ca. 25 % [2] die Rede. Die korrigierten Zahlen sind zum Teil auf eine nüchternere Betrachtung von derartigen Projekten und andererseits auf die Möglichkeit inzwischen auf eine große Anzahl von Erfahrungswerten aus Implementierungsprojekten zurückgreifen zu können, zurückzuführen. Doch auch 25 % sind für Unternehmen Grund genug ein e-Procurement System zu implementieren.

---

[1] Vgl. Kasaj (2001), e-Procurement

[2] Vgl: BMÖ (2002), Studie in Kooperation mit der Donau Universität Krems

1.3 Entwicklungsstufen in der Beschaffung

Die Entwicklung geht in der Beschaffung eindeutig in Richtung eines verbesserten Supply Chain Managements und damit in Richtung einer besseren Integration und Zusammenarbeit mit bestehenden Handelspartnern. Abhängig von der Branchenzugehörigkeit eines Unternehmens sind die Tendenzen in Richtung einer möglichst automatisiert ablaufenden Beschaffung ausgeprägt.

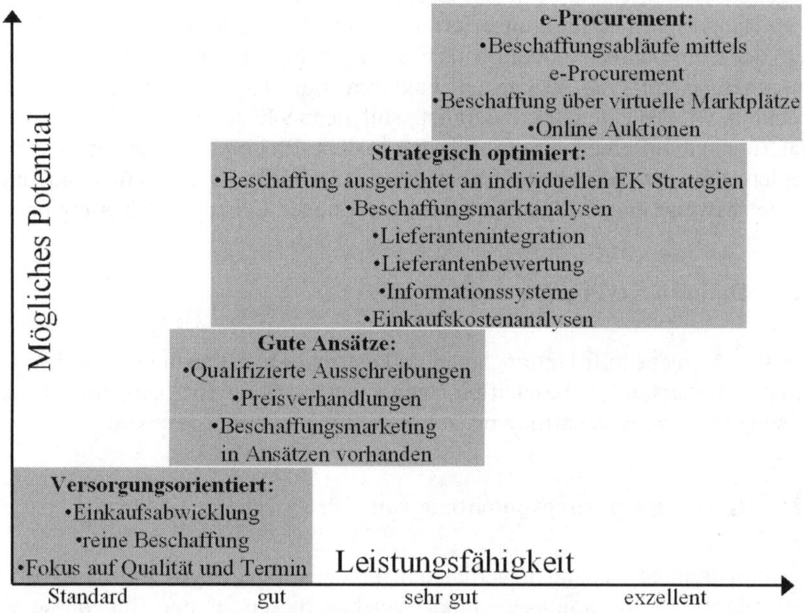

Abbildung 1: Entwicklungsstufen in der Beschaffung[3]

Die einzelnen Umsetzungsstufen elektronischer Beschaffungslösungen gehen von einer rein versorgungsorientierten Beschaffung, bei welcher der Hauptfokus auf Liefertermintreue, Qualität und dergleichen gelegt wird, über qualifizierte Ausschreibung und den Abschluss von umfangreichen Rahmenverträgen bis hin zu bereits strategisch ausgerichteten Einkaufsabteilungen, welche detaillierte Analysen und Bewertungen durchführen und auch eine Integration der Lieferanten in einfacher Form ermöglichen.

Das Potential kann nach derzeitigem Ermessensstand nur ausgeschöpft werden, wenn e-Procurement in einem professionellen Ausmaß betrieben wird. Darunter wird diese Abwicklung aller zur Beschaffung eines Produktes notwendigen Prozesse über ein Workflow basierendes System mit Hilfe eines Webbrowsers verstanden. Des weiteren wird davon ausgegangen, dass eine Online Anbindung wichtiger Lieferanten und Handelspartner oder an einen Marktplatz erfolgt.

[3] Vgl. Arthur Andersen (2001), Elektronische Beschaffung in der deutschen Industrie

Vermehrt nützen Unternehmen auch bereits die Möglichkeit, Online Auktionen und Reverse Auctioning durchzuführen. Gerade im staatlichen Bereich ergeben sich hier enorme Einsparungspotentiale, welche aber auf Grund der derzeitigen gesetzlichen Rahmenbestimmungen nur wenig genützt werden.

Kurze Implementierungszeiten sind ein wichtiges Kriterium für erfolgreiche e-Procurement Projekte. Während man für eine ERP Umstellung früher ein bis zwei Jahren benötigte, sind bei der Implementierung von Desktop Purchasing Systemen kurze Implementierungszeiten möglich und erforderlich. „Die Implementierung von führenden e-Procurement Lösungen dauert heute weniger als neunzig Manntage“ [4]. Diese kurzen Implementierungszeiten ermöglichen auch einen im Vergleich zu anderen e-Business Projekten kurzen Return on Investment von ca. 6 Monaten.

1.4 Der heutige Beschaffungsablauf

Derzeit überwiegen in fast allen Unternehmungen die administrativen Tätigkeiten innerhalb des Beschaffungswesens. Die Hacket Group hat bei Untersuchungen festgestellt, dass 76 % der Kosten, welche eine Bestellung auslösen, rein administrativ sind. Unter diese Kostenart fallen Tätigkeiten wie zum Beispiel: das Suchen des aktuellen Bestellanforderungsformulars, Erkundigungen bei den Arbeitskollegen nach der richtigen Kostenstelle, Drucken, Telephonieren, Faxen, Datenkorrektur, Lieferantenauswahl, Berichtswesen, Wareneingangsbelege etc. Mit einfachen Worten, die „Zettelwirtschaft“ innerhalb der Unternehmen kann enorm reduziert bzw. komplett ersetzt werden.

[4] Vgl. Aigner (2001), Schaffe, Schaffe

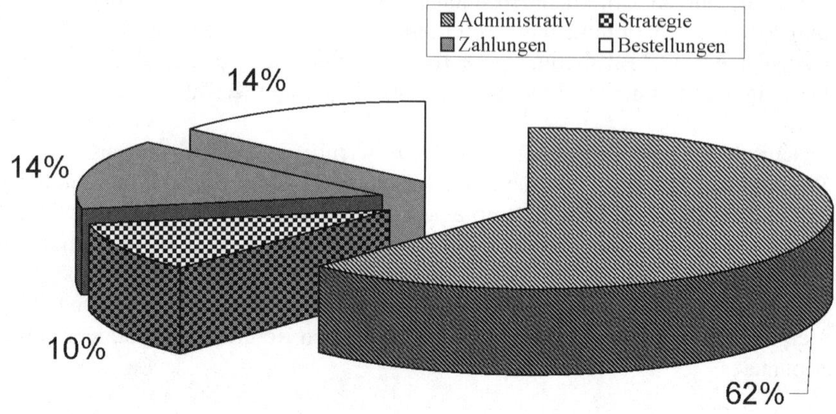

Abbildung 2: Heutiger Beschaffungsfokus[5]

In Abbildung 2 werden die Tätigkeiten einer Einkaufsabteilung[6] entsprechend ihren Tätigkeiten aufgeschlüsselt. Der Anteil der rein administrativen Aufgaben liegt hier bei 62% wobei noch anteilig die Kosten der anderen Bereiche hinzukommen würden.

1.5 Zukünftiger Fokus des Beschaffungsablaufes

Der derzeitige Fokus mancher Unternehmen und hoffentlich auch der zukünftige Fokus ihres Unternehmens richtet sich von den administrativen Tätigkeiten hin zu den transaktionsbezogenen. Die Einkaufsabteilungen haben mehr Zeit für ihre eigentlichen Kernkompetenzen => nämlich den strategischen Einkauf. Dies wird unter anderem erreicht durch:

- Automatisierte Transaktionen
- Verbesserung der Lieferantenbeziehungen und Lieferantenbewertung
- Globale Analysen und Prognosen
- Prozessverbesserungen

[5] Vgl. Hacket Group (1998), Beschaffungsfokus
[6] Vgl. Hacket Group (1998), Focus in Purchasing Departments

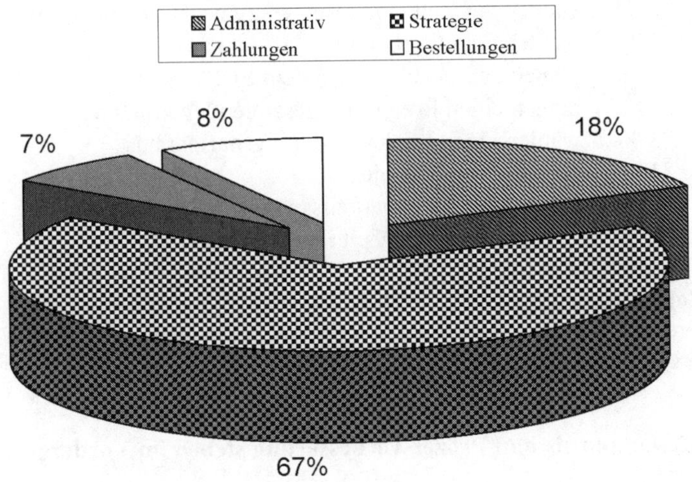

Abbildung 3: Zukünftiger Beschaffungsfokus[7]

Durch die Umstellung auf e-Procurement Systeme freigewordenen Ressourcen können bessere Rahmenverträge ausgehandelt sowie die Einhaltung der getroffenen Vereinbarungen mit den Lieferanten besser kontrolliert werden. Es sollten aber in jedem Falle VOR der Implementierung eines e-Procurement Systems die Prozessabläufe überarbeitet und redesigned werden, sonst überführt man nur den bisherigen Zettelmist in die elektronische Form. Die vielfach vertretene These dass jene Mitarbeiter, welche bisher im Einkauf rein administrative Tasks erfüllt haben, nun einfach strategische Aufgaben (wie die Verhandlung von Rahmenverträgen) übernehmen können, hat sich meiner Ansicht nach in der Praxis nicht umsetzen lassen.

1.6 Derzeitige Phase der e-Procurement Einführung von Unternehmen

Der Großteil der Unternehmen befindet sich derzeit noch in der Phase der Informationsbeschaffung zum Thema e-Procurement. Diesen soll auch durch dieses Buch eine Hilfestellung für Entscheidungen und speziell für Erwägungen in der Konzeptionsphase in diesem Bereich gegeben werden. Um einen Vergleich des Status des eigenen Unernehmens im Vergleich zu anderen zu ermöglichen, möchte ich an dieser Stelle eine Studie (Stand: 02/2002) zu diesem Themenkomplex, welche der BMÖ in Kooperation mit der Donau-Universität Krems durchgeführt hat, anführen[8]. Demnach befinden sich Unternehmen derzeit in folgender Phase der Einführung (Prozentuelle Aufteilung):

- 48 % beschaffen sich derzeit Informationen

[7] Vgl. Hacket Group (1998), Focus in Purchasing Departments

[8] Vgl. BMÖ (2000), Studie: e-Procurement in Österreich / Donau-Universität Krems

- 45% wählen zur Zeit eine Katalogengine (Katalogsoftware) aus
- 41 % wählen ein e-Procurement System aus
- 38 % planen eine Anbindung an ein ERP System
- 34 % planen einen Rollout im gesamten Unternehmen
- 31 % wählen einen Implementierungspartner aus
- 31% planen ein Pilotprojekt
- 28 % führen eine Machbarkeitsstudie durch
- 10 % reorganisieren zur Zeit ihre Prozesse

Diese Zahlen verdeutlichen wie weit die meisten Unternehmen mit der Umsetzung von e-Procurement Projekten bereits sind und wie wichtig das Thema in Unternehmen genommen wird.

1.7 Zeitersparnis und Prozessverbesserung stehen im Vordergrund

Diesen wichtigen Punkt von e-Procurement Systemen kann man am besten mit einem Zitat Senecas erläutern: „Es ist nicht zu wenig Zeit, die wir haben, sondern so viel Zeit, die wir nicht nützen." Oft wird davon ausgegangen, dass der primäre Nutzen von e-Procurement Systemen in sinkenden Einkaufskosten liegt. Dies ist aber nicht der Fall. Der Großteil der Einsparungspotentiale wird durch ein Redesign der Prozesse und des Workflows sowie durch eine weitgehend automatisierte Abwicklung erreicht.

1.8 Geeignete Artikel für e-Procurement Lösungen

e-Procurement ist in erster Linie für C-Teile oder MRO Artikel geeignet. Unter MRO Artikeln versteht man Artikel für:

- Maintainance (Instandhaltung)
- Repair (Wartung) und
- Operations (Betrieb).

In vielen Unternehmen ist der Ablauf für Beschaffungstätigkeiten unabhängig von der Art der beschafften Ware. Die Prozesse sind in erster Linie für die Beschaffung von Produktionsgütern und teuren Gütern ausgelegt, nicht aber auf die Erfordernisse der Beschaffung von C-Teilen.

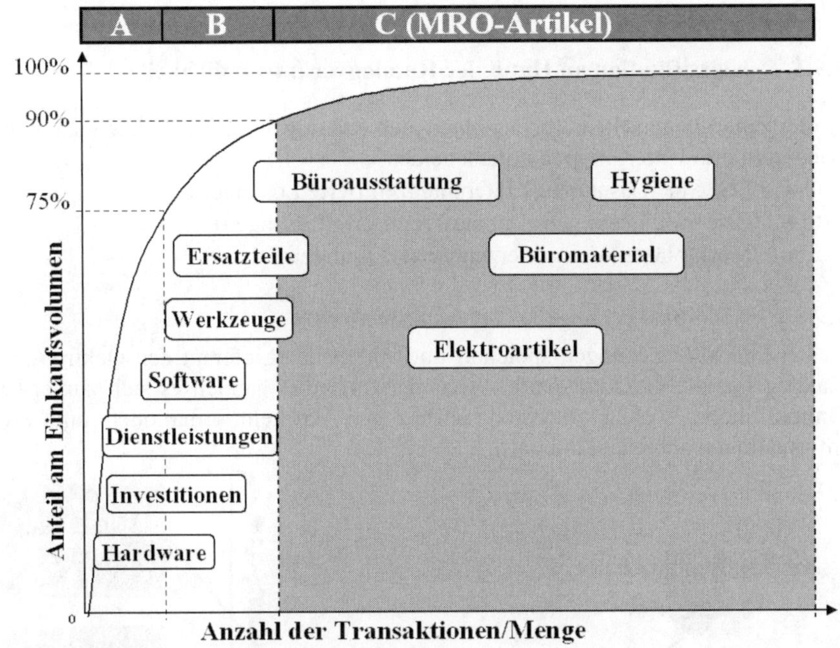

Abbildung 4: Analyse Beschaffungsvolumen[9]

Wie man der Abbildung 4 (einer typischen ABC Analyse) entnehmen kann, verursachen MRO Artikel mehr als 70 Prozent des Aufwandes für die Beschaffung – obwohl deren Wert der bestellten Waren nur ca. 10 Prozent aller beschafften Waren eines Unternehmens entspricht. Alleine an Hand dieser Graphik lässt sich das beträchtliche Einsparungspotential von e-Procurement Systemen erahnen.

1.9 Klassifizierung von e-Procurement Systemen

e-Procurement Systeme können nach unterschiedlichen Kriterien in unterschiedliche Gruppen eingeteilt werden. Die Klassifizierung kann hier auf Grund von folgenden Faktoren vorgenommen werden:

- auf Grund der Katalogverantwortlichkeit
- an Hand der Technologieausnützung und der Collaboration (Zusammenarbeit und Integration)
- nach Automatisierungspotential und Bedeutung der Produkte.

Die am weitesten verbreitete Variante ist die Unterscheidung an Hand der Katalogverantwortlichkeit.

[9] Vgl. Eyholzer (1999), Electronic Purchasing

1.9.1 Klassifikation an Hand der Katalogverantwortlichkeit

Bei einer Unterscheidung an Hand der Katalogverantwortlichkeit kann man wiederum drei Untergruppen unterscheiden:

- Sell Side Lösungen (Lieferantenzentrierte Lösungen)
- Buy Side Lösungen (Einkaufszentrierte Lösungen)
- Marktplätze (Vermittlerzentrierte Lösungen).

1.9.1.1 Sell Side Lösungen (Lieferantenzentriert)

Bei Sell Side Lösungen speichert und wartet der Lieferant den elektronischen Katalog für alle Geschäftspartner (Kunden). Hierbei handelt es sich zumeist um Online Shops, welche unternehmensbezogen Artikelinformationen und Preisinformationen anbieten können.

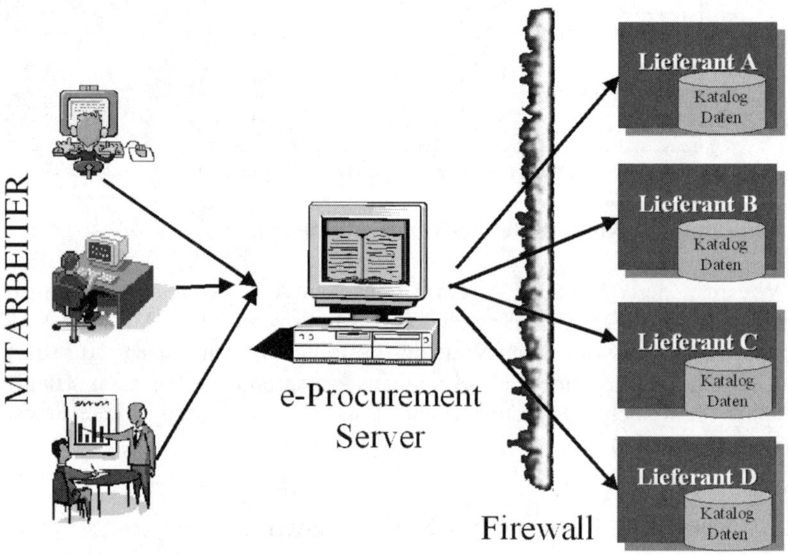

Abbildung 5: Funktionsweise Sell Side Lösungen[10]

1.9.1.2 Buy Side zentrierte Lösungen (Einkaufszentriert)

Bei dieser Form des Aufbaus wird der Katalog von dem einkaufenden Unternehmen selbst verwaltet. Nähere Informationen zu dieser Vorgehensweise in Kapitel Content Management (Katalogverwaltung). Normalerweise werden bei dieser Vorgehensweise nur Lieferanten mit abgeschlossenen Rahmenverträgen aufgenommen. Der wichtigste Vertreter dieser Gattung sind Desktop Purchasing

[10] Vgl. Eyholzer (1999), Electronic Purchasing, Seite 9

Systeme (DPS), welche in Kapitel 4 hinsichtlich Konzept, der wichtigsten Vertreter und deren Produkte vorgestellt werden.

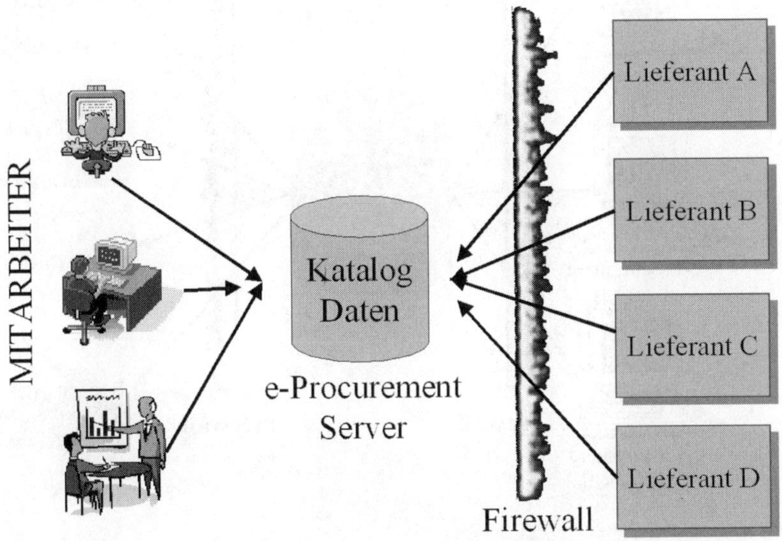

Abbildung 6: Funktionsweise Buy Side Lösungen[11]

1.9.1.3 Elektronische Marktplätze (Vermittlerzentriert)

Analog zu normalen Marktplätzen werden auf elektronischen Marktplätzen Dienstleistungen und Waren (Internet basierend) angeboten. Diese Marktplätze stehen zumeist nur einem eingeschränkten Nutzerkreis offen und vereinen Käufer und Verkäufer auf einer Plattform.

[11] Vgl. Eyholzer (1999), Electronic Purchasing, Seite 10

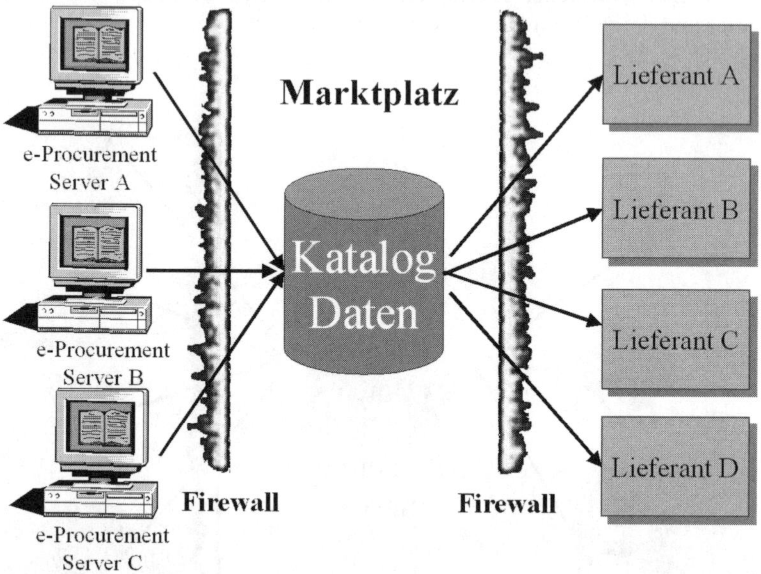

Abbildung 7: Funktionsweise Marktplätze

Weitere Informationen zu Marktplätzen werden in Kapitel 7.6 und 7.5 gegeben. Zusätzlich zu den Aufgaben der Katalogwartung und dem Anbieten aller damit verbundenen Dienstleistungen wie dem elektronischen Datenaustausch, werden von Marktplatzbetreibern auch noch zusätzliche Dienstleistungen wie Logistik- und Finanzierungsdienstleistungen angeboten.

1.9.2 Klassifikation an Hand des Grades der Technologienutzung

Eine weitere Möglichkeit bietet die Klassifizierung an Hand der Intensität und der Nutzung von Technologie (zum Beispiel durch Supply Chain Management) sowie der Umfang der erfolgten Integration der Partnerunternehmen.

Eine Unterscheidung ist hier möglich zwischen[12]:

- Sharing (einfachste Grundfunktionen des Internets werden genutzt – Homepage und Suchmaschine zur Lieferantensuche etc.
- Application (hier werden bereits elektronische Kataloge verwendet, bzw. das Unternehmen beteiligt sich an einem Marktplatz oder an Online Auktionen)
- Collaboration (hier kommt es über Supply Chain Management Techniken zu einer weitgehenden Integration mit den Systemen der Geschäftspartner –> es findet eine integrierte Zusammenarbeit auf allen Ebenen statt).

[12] Vgl. Strub (2000), Einkauf auf dem Weg ins Internet Zeitalter

1.9.3 Klassifikation an Hand der beschafften Produkte

Als letzte Möglichkeit kann man e-Procurement Systeme an Hand der beschafften Produkte unterscheiden. Abhängig von der Art der Produkte und deren Automatisierungsgrad kann man diese im Hinblick auf deren strategische Bedeutung und auf deren Automatisierungspotential in einer Matrix abbilden.

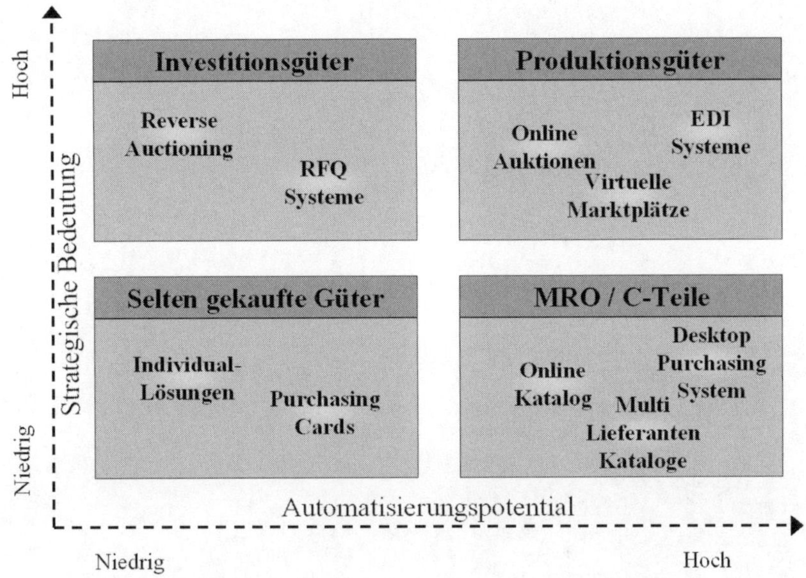

Abbildung 8: Klassifizierung Beschaffungslösungen[13]

[13] Vgl. KPMG (2001), Klassifizierung Beschaffungslösungen

2 Prozess(Kosten) bei e-Procurement Systemen

2.1 Einleitung

Bei der Untersuchung von Prozessen im Zuge einer Beschaffungslösung ist das Bild in den Unternehmen immer wieder ähnlich. Die bestehenden Abläufe sind althergebracht und wurden seit ewigen Zeiten nicht mehr verändert und maximal innerhalb einzelner Abteilungen optimiert. Jeder Bereich führt höchstens Optimierungen in seinem eigenen Wirkungskreis durch, aber die Vielzahl der Unternehmen packt das Übel nicht an der Wurzel. Man muss den e-Procurement Prozess als Gesamtlösung sehen und auch die Prozesse innerhalb des gesamten Unternehmens ohne Rücksicht auf Abteilungsgrenzen und seit jeher geschaffener Hierarchien angehen.

2.2 Geschäftsprozessanalyse

Der Zweck bei der Durchführung einer Geschäftsprozessanalyse liegt in der Optimierung von innerbetrieblichen Prozessen. Diese Optimierung kann in drei Richtungen erfolgen:

1. Qualitätsoptimierung
2. Zeitoptimierung
3. Kostenoptimierung

Generell sollte immer darauf geachtet werden, dass auch bei einem e-Procurement Projekt niemals ein Change Management Projekt und ein IT Projekt parallel ablaufen sollten. Zuerst sollten die innerbetrieblichen Prozesse optimiert werden und erst dann die Umsetzung der bisher über den Schriftverkehr abgewickelten Prozesse über die IT Lösung bzw. das e-Procurement System erfolgen. Zur Geschäftsprozessanalyse gibt es eine Reihe von Tools, welche die Auswertung, Optimierung und die Darstellung der Prozesse enorm vereinfachen.

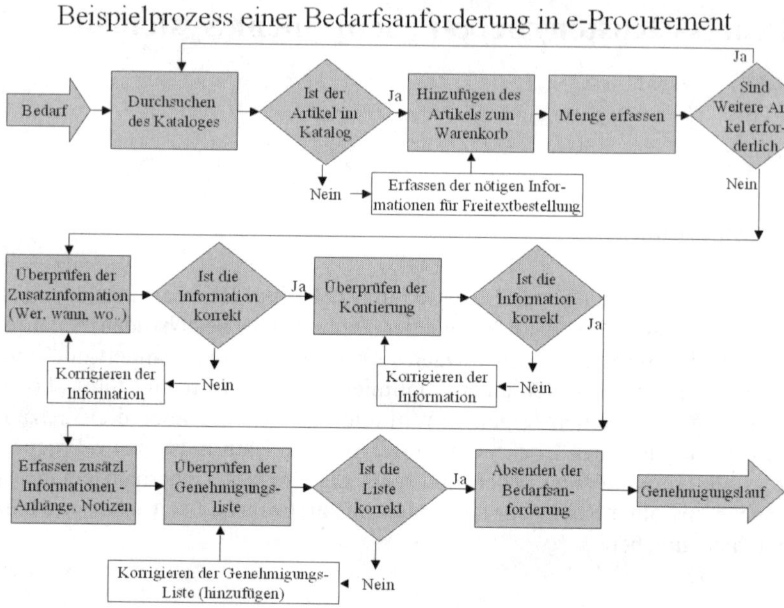

Abbildung 9: Ablaufgraphik Genehmigungs-Workflow

Ein Faktor, welcher für den Einsatz von solchen Tools spricht, ist die leichte Anpassbarkeit sowie auch die mögliche automatische Anpassung von Workflows (graphikbasierend) und ähnlichem. Um die möglichen Einsparungspotentiale bei Prozessen aber richtig bewerten zu können ist es erforderlich, die Prozesse auch quantitativ zu messen. Dies wird zumeist durch Unternehmensberater (Accenture, CSC, EYCG, KPMG,...) durchgeführt, welche auch die Optimierung der Prozesse durchführen können. Bei einer quantitativen Messung werden hauptsächlich folgende Faktoren erfasst:

- Bearbeitungszeiten
- Liegezeiten
- Transportzeiten (interne)

Um die aus diesen Messungen resultierenden Kosten richtig aufschlüsseln zu können, kann man die bei Beschaffungsprozessen oft herangezogene Prozesskostenanalyse (PKA) verwenden. [14]

[14] Vgl. Möhrestädt (2000), Electronic Procurement, Seite 34 ff

2.3 Beschaffungsprozess

Die Lage in Europa, aber auch global gesehen, hat sich in den letzten Jahren enorm verändert. Durch die zunehmende Globalisierung, einer schrittweisen Vereinheitlichung des Europäischen Marktes durch die EU und dem zunehmenden Trend von Unternehmenszusammenschlüsse ist die ständige Produktivitätssteigerung für fast alle Unternehmen zu einer Lebensnotwendigkeit geworden. Der Trend in Richtung JIT (just in Time Produktion) bzw. Simultaneous Engeneering, welcher zuerst in Bereichen der Automobilindustrie verfolgt wurde, beginnt sich nun in allen Industriezweigen durchzusetzen.

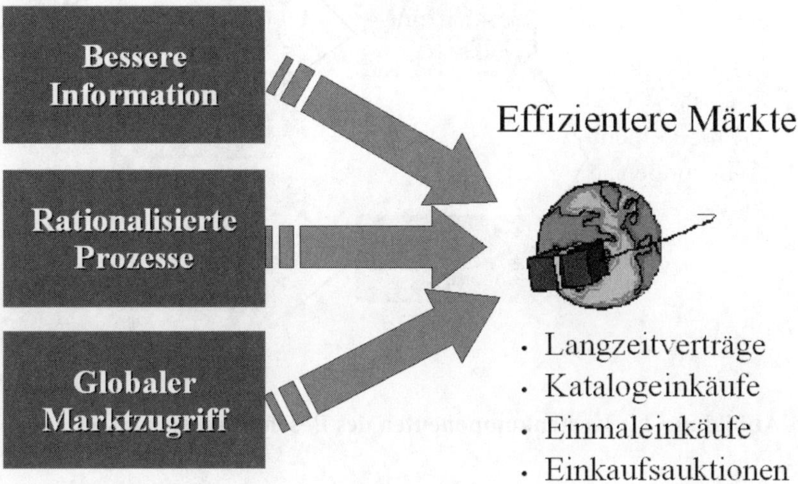

Abbildung 10: Der Trend zunehmender Globalisierung

Bei den Bündelungen aller Einkaufsaktivitäten eines Unternehmens sind bei einem globalen Einkauf bei einem bestimmten Lieferanten, welcher in all den Ländern tätig ist, durch gut ausverhandelte Rahmenverträge, weitere Einsparungen möglich. Auch kleine Länder (wie Österreich oder die Schweiz) haben nun die Möglichkeit, ähnlich gute Einkaufskonditionen wie große Konzerne in Deutschland zu bekommen. Durch den Euro wurde die Vergleichbarkeit der Preise zusätzlich erhöht. Die Unternehmen haben erkannt, dass sich Investitionen in Supply Chain Management (SCM) Aktivitäten innerhalb kürzester Zeit amortisieren. Alle der Produktion nachgelagerten Prozesse wurden im Lauf der letzten Jahre bereits hinlänglich optimiert, nun geht es darum, auch die der Produktion vorgelagerten Prozesse zu optimieren => dies ist die Aufgabe von e-Procurement Systemen.

Jüngste Untersuchungen haben gezeigt, dass sich eine Senkung der Einkaufskosten um nur 5 % sich auf den Gewinn genauso wie eine Ausweitung der Umsatzaktivitäten um 30 % auswirkt. Jedoch sind Einsparungen beim Einkauf auf Grund optimierter Prozesse um 5 % wesentlich leichter, wahrscheinlicher und mit einem geringeren Aufwand zu erreichen als eine Umsatzsteigerung um 30 %!

2.4 Kostenkomponenten in einem Beschaffungsprozess

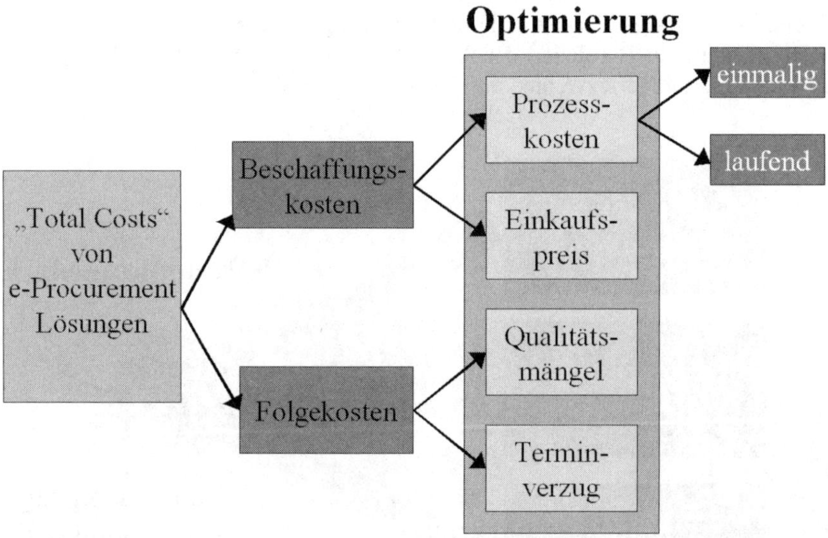

Abbildung 11: Kostenkomponenten des Beschaffungsprozesses[15]

2.5 Bestellkosten

Unter Bestellkosten werden alle Arten von Kosten verstanden, welche für die Beschaffung von Artikeln innerhalb einer Organisation anfallen. Zu diesen Kosten zählen die:

- Personal- und Sachkosten in der Einkaufsabteilung
- Personal- und Sachkosten innerhalb der Kostenrechung
- Personal- und Sachkosten im Rechnungswesen,.......

2.6 Prozesskosten

Die wenigsten Unternehmen kennen ihre wirklichen Prozesskosten für die Abwicklung von Bestellungen. Internationale Studien haben gerade im C-Teile

[15] Vgl. Frauenhofer Institut (2001), Logistikorientierte Betriebswirtschaft

Management enorm hohe Prozesskosten festgestellt. Jedoch sind diese Zahlen nicht ohne weiteres auf das eigene Unternehmen umlegbar, da nicht von den Prozesskosten anderer Unternehmen auf die eigenen Prozesskosten geschlossen werden kann. Die Gründe hierfür sind mannigfaltig. Dies liegt zum einen in der Frage, welche Unternehmen für einen Vergleich herangezogen werden sollten. Sollen dies Betriebe innerhalb derselben Branche, oder mit der gleichen Mitarbeiterzahl oder mit derselben hierarchischen Struktur sein? Die einzige Möglichkeit, um verlässlich seine eigenen Prozesskosten zu kennen, ist diese mit Hilfe der Prozesskostenanalyse zu bestimmen. Diese Aufgabe fällt zumeist der internen Kostenrechung oder beauftragten Unternehmensberatern zu.

2.7 Prozesskostenanalyse

Zur Feststellung der tatsächlichen Prozesskosten dient die Prozesskostenanalyse. Durch die Einführung einer Prozesskostenanalyse soll geklärt werden, welche Prozesse, welche Kosten verursachen. Bei einer Neueinführung der PKA sollten folgende zwei Schritte durchlaufen werden:[16]

1. Festlegung der Hauptprozesse (zum Beispiel: Beschaffung, Qualitätssicherung)
2. Analyse der Tätigkeiten zur Erstellung der einzelnen Teilprozesse

Die Hauptprozesse werden weiter in Prozessgruppen unterteilt. Die Prozessgruppen ihrerseits werden dann wiederum in Teilprozesse aufgegliedert. Mehrere Aktivitäten bilden zusammen wieder die oben beschriebenen Teilprozesse. Die Kosten der einzelnen Prozesse, welche durch die Prozesskostenanalyse bestimmt wurden, können durch die Prozesskostenrechnung quantitativ bewertet werden.

2.8 Prozesskostenrechnung

Die Prozesskostenrechung wird im deutschsprachigen Raum auch als Vorgangskalkulation bezeichnet. Dies deutet bereits auf deren Wichtigkeit für e-Procurement Optimierungsprojekte hin. Um zu wissen, wie viel man sich mit einem e-Procurement System ersparen kann, muss man eben die eigenen Kosten kennen, und um diese zu eruieren ist die Prozesskostenrechung ein adäquates Mittel.

2.8.1 Vorgehen bei der Prozesskostenrechnung

Bei der Prozesskostenrechnung wird in mehreren Schritten vorgegangen[17]:

- Prozessanalyse

[16] Vgl. http://www.workflowmanagement.de (2000)

[17] Vgl. Gabler Wirtschaftslexikon (2000), Prozesskostenrechung

- Zuordnung von Kosten zu Prozessen
- Bestimmung der Kostentreiber
- Prozesskostenermittlung
- Prozesskostenkalkulation.

2.8.2 Prozessanalyse

In dem Schritt der Prozessanalyse werden pro Gemeinkostenbereich (in unserem Fall die Beschaffung von MRO Gütern) jene Dienstleistungen bestimmt, welche diesem Bereich dienen. Im e-Procurement Bereich handelt es sich hier zum Beispiel um die Prozesse der Kontrolle von Bedarfsanforderungen, dem Ausdrucken von Bestellungen, dem Weiterleiten von Informationen etc.

2.8.3 Zuordnung der Kosten zu Prozessen

Jedem Prozess sind die von dem jeweiligen Prozess verursachten Kosten zuzuordnen. Oft wird es vorkommen, dass die einzelnen Kosten mehreren Prozessen zuzuordnen sind. In diesem Falle müssen die Kosten auf die Prozesse aufgeschlüsselt werden.

2.8.4 Bestimmung der Kostentreiber

Für eine genaue Zuordnung der Kosten zu den einzelnen Prozessen sind außerdem die jeweiligen Kostentreiber (Cost-Driver) in Zusammenhang mit den betreffenden Maßgrößen zu ermitteln. Dies sind demnach jene Faktoren, welche die Inanspruchnahme der entsprechenden Leistung ausmachen.

Mögliche Kostentreiber inklusive den entsprechenden Maßgrößen.[18]

- Anzahl der Beschaffungsvorgänge
- Anzahl der eingegangenen Bestellungen
- Anzahl der Lieferungen
- Anzahl der Rechnungen
- Anzahl der Lieferanten

2.8.5 Prozesskostenermittlung

Die jeweiligen Mengenausprägungen der Kostentreiber sind zu bestimmen. Dies ist bei der Anzahl der Bestellungen zumeist noch relativ einfach, da hier die Bestellnummern hochgezählt werden. Jedoch kann die Bestimmung bei anderen Kostentreibern schon zu erheblichem Mehraufwand führen. Die Anzahl der Lieferungen an das eigene Unternehmen zum Beispiel, wird den meisten Unternehmen nicht auf Anhieb bekannt sein.

---

[18] Vgl. (2000), *http://www.workflowmanagement.de*, Zuordnung von Kosten

2.8.6 Prozesskostenkalkulation

Bei der Prozesskostenkalkulation werden die einzelnen Schritte mit den Prozesskosten im Rahmen der Kostenträgerrechnung belastet. Während die Beschaffungskosten bisher an die Beschaffungskostenstellen verrechnet wurden, werden nun die Kosten direkt den einzelnen Schritten zugeordnet.

2.9 Prozesskostenersparnis durch den Einsatz von e-Procurement

Die Höhe der Einsparungseffekte im Prozesskostenbereich lässt sich mit einer einfachen Formel sehr grob bestimmen. Für eine genauere Analyse der Einsparungen durch die Senkung der Prozesskosten sind genaue und aufwendigere Aufschlüsselungen unerlässlich.

2.9.1 Einsparung an Prozesskosten - Formel

Die gesamte Einsparung an Prozesskosten kann mit Hilfe folgender Formel grob geschätzt werden.

Gesamte Einsparung an Prozesskosten
= Einsparung an Prozesskosten pro Bestellung in Euro
* Bestellungen pro Jahr

2.9.2 Ausgabenabschätzung - Formel für e-Procurement Systeme[19].

Lizenzkosten (gesamt) +
Kosten Applikationsserver / Betriebssystem
Kosten Datenbankserver / Betriebssystem
Serverkosten (gesamt)
Installationskosten
Schulungskosten / Trainingskosten
Implementierungskosten (gesamt)
Katalogpflegekosten
Transaktionskosten (EDI, etc.)
Laufende Kosten pro Jahr
Gesamtkosten in Euro

2.9.3 Vergleich Beschaffungsprozess (traditionell/e-Procurement)

Bei einem Vergleich eines traditionellen Beschaffungsprozesses mit den Beschaffungsprozessen bei dem Einsatz von e-Procurement Lösungen werden die

[19] Vgl. Schnitzer (2000), B2B Marktplätze, Seite 10

Vorteile klar ersichtlich. Ein Teil der Prozesse kann weitgehend reduziert werden und manche Prozesse entfallen bei der elektronischen Abwicklung komplett.

Der Prozess des Einsetzens der Artikeldaten in die ausgefüllten Bestellanforderungen obliegt nun nicht mehr alleine den Mitarbeitern der Einkaufsabteilung. Jeder Mitarbeiter des Unternehmens kann nun nur mit Hilfe eines Web Browsers die Artikel für seinen täglichen Bedarf auswählen und direkt in die automatische Bearbeitung oder zur Weiterleitung an den Lieferanten überführen. Dabei wird durch Desktop Purchasing Software eine ähnliche Oberfläche wie bei bekannten Shopping Portal Anbietern geboten. Der Mitarbeiter kann nur aus jenen Artikeln wählen, welche für ihn persönlich freigegeben sind. Abhängig von den bestehenden Genehmigungsregeln wird dann direkt die Bestellanforderung in eine Bestellung übergeführt, welche im Anschluss an den Lieferanten elektronisch übermittelt wird.

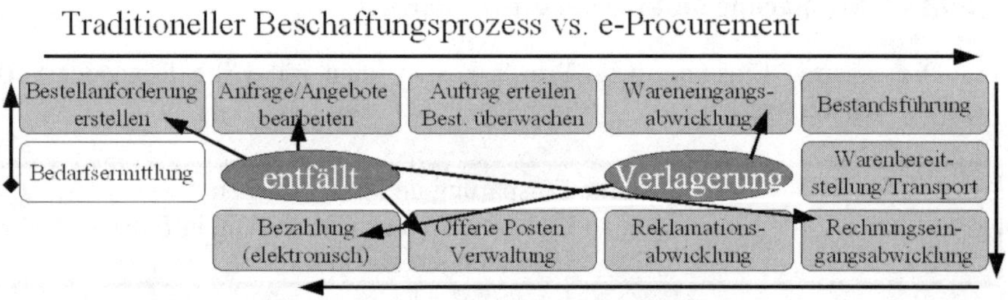

Abbildung 12: Gegenüberstellung Beschaffungsprozess[20]

Abbildung 12 zeigt eine Gegenüberstellung des klassischen (traditionellen Beschaffungsprozesses) im Vergleich zu einem Beschaffungsprozess mittels einer e-Procurement Lösung. Der Wareneingang kann nun selbstverständlich auch von dem jeweiligen Mitarbeiter (dezentral) selbst durchgeführt werden. Über die Weboberfläche kann jeder Mitarbeiter die für den eigenen Bedarf noch ausständigen Waren einsehen und bei der Lieferung gleich den Wareneingang durchführen. Zusätzlich wird auch die Prüfung der Ware durch den jeweiligen Mitarbeiter vorgenommen. Alle Daten werden automatisch in die Backoffice Lösung des Unternehmens (zum Beispiel Baan, Oracle, SAP etc.) übernommen.

Den Unternehmen, welche e-Procurement Lösungen einsetzen oder einsetzen wollen, geht es nicht ausschließlich um eine Reduktion der Einkaufskosten. Das mit Abstand wichtigste Ziel, welches Unternehmen mit der Implementierung eines e-Procurement Systems verfolgen, ist die Reduktion der Prozesskosten und eine Senkung der administrativen Aufgaben für die Einkaufsabteilung. Zu diesen Ergebnissen kam auch die durch den BMÖ (Bundesverband für Materialwirtschaft

[20] Vgl. Hohaus (1999), Zehn vor Zwölf für den Einkauf

Einkauf und Logistik Österreich) in Verbindung mit der KPMG durchgeführte Untersuchung innerhalb österreichischer Unternehmen.[21]

Ebenfalls innerhalb dieser Studie wurde der Frage nachgegangen, inwieweit die Effekte, welche man sich von der Einführung von e-Procurement Lösungen erwartet hat, auch in der Praxis erfüllt worden sind. Als wichtigster Effekt (mit 40 % gemäß Abbildung 13) wurde die Senkung von Prozesskosten angeführt. Ein Teil der traditionellen Lieferanten kann jedoch derzeit noch nicht die Anforderungen der e-Procurement Systeme (bezüglich elektronischer Kataloge) erfüllen. Dies erklärt auch den starken Trend des Hinzugewinnens neuer Lieferanten bei dem Einsatz von e-Procurement Lösungen innerhalb der EU. Da aber für die Lieferanten die Unterstützung von elektronischen Katalogen inzwischen ebenfalls ein wichtiges Erfolgskriterium ist, ist zu erwarten, dass sich dieser Trend in Zukunft nicht fortsetzen wird, da in Zukunft alle Lieferanten ihre Kataloge ebenfalls in elektronischer Form anbieten werden.

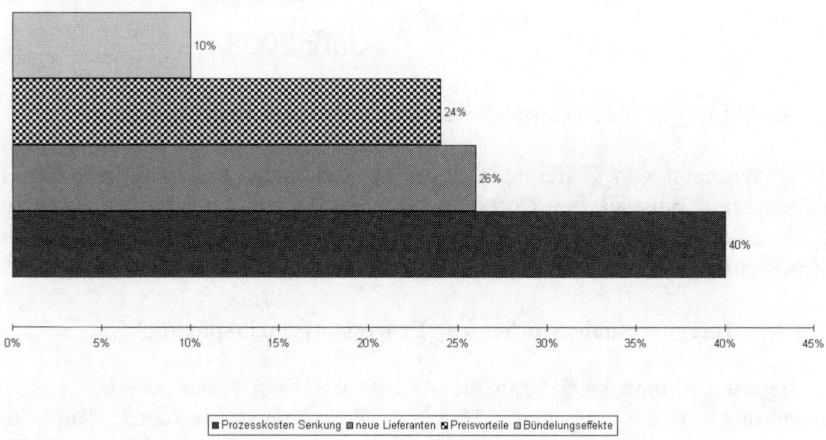

Abbildung 13: Positive Effekte von e-Procurement Systemen[22]

Untersuchungen in den USA unterstützen meine Thesen auf diesem Gebiet. So haben Untersuchungen von Deloitte Consulting[23] unter den führenden amerikanischen Lieferanten gezeigt, dass die Lieferanten inzwischen e-Procurement fähig sind. Bereits heute langen 16 % der Bestellungen bei Lieferanten über ein e-Procurement System ein und diese Zahl wird sich innerhalb der nächsten fünf

[21] Vgl. BMÖ (2000), e-Procurement in österreichischen Unternehmen, Donau-Universität Krems

[22] Vgl. BMÖ (2000), e-Procurement in österreichischen Unternehmen, Donau-Universität Krems, Anmerkung: 33 Prozent der Befragten hatten schon Erfahrung mit e-Procurement

[23] Vgl. Derocher (2001), Realizing the B2B Procurement Vision

Jahre auf fast 50 % erhöhen. Manche der Lieferanten wickeln heute bereits 80 % ihres Aufkommens über e-Procurement Systeme der Kunden ab.

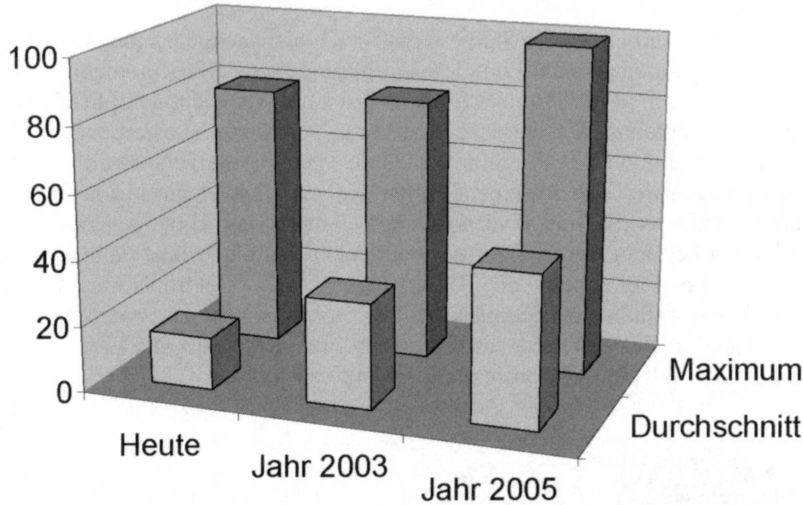

Abbildung 14: Lieferantenerwartung e-Procurement Bestellung[24]

Erfahrungen von Lieferanten liegen derzeit leider nur vereinzelt vor. Doch gehen zum Beispiel bei Corporate Express (einer der größten Büromaterial Lieferanten in Österreich) bereits mehr als 35 % der Aufträge automatisiert über e-Procurement Systeme und EDI Schnittstellen ein[25].

2.9.4 Internationale Studien zur Prozesskosteneinsparung

Bereits im Jahr 1999 gab die Aberdeen Group (*www.aberdeen.com*) erste Erfahrungsberichte zu dem Thema e-Procurement bekannt. Kurz darauf veröffentlichte auch das Wall Street Journal erste Zahlen zum Thema Prozesskosteneinsparungen. In Amerika beliefen sich die ersten Schätzungen auf ein mögliches Einsparungspotential von fast 80 % pro Transaktion. Dies würde bei einem Aufwand von 150 Dollar pro Transaktion eine Einsparung von 125 Dollar ausmachen. Die Bestellung würde demnach nur mehr auf 25 Dollar kommen. Diese Zahlen offenbarten erstmals die enormen Einsparungspotentiale von e-Procurement Lösungen. Eines der ersten Beispiele für die Prozesskosteneinsparung bei der Implementierung von e-Procurement Software im deutschsprachigen Raum lieferte der Frankfurter Flughafen.

---

[24] Vgl. Derocher (2001), Realizing the B2B Procurement Vision, Deloitte Consulting

[25] Quelle: Pölz (2002), eBusiness Corporate Express Österreich

2.9.5 Beispiel Flughafen Frankfurt Main AG

	Traditionelles Verfahren		***e-Procurement Verfahren***	
	Zeit (Min.)	***Kosten (€)***	***Zeit (Min.)***	***Kosten (€)***
Bedarfsidentifikation	10	7,67	10	8,18
Marktsondierung	10	7,67	0	0,00
Erstellen Banf (Bestellanforderung)	15	11,76	5	4,09
Genehmigungsverfahren	15	11,76	0	0,00
Budgetkontrolle	5	4,09	0	0,00
Kontierungsregelprüfung	7	5,62	0	0,54
Freigabe Banf	3	3,07	0	0,23
Marktsondierung	15	11,76	0	0,00
Angebotsanalyse	20	15,34	0	0,00
Bestellschreiben	10	7,67	0	0,00
Einkaufscontrolling	0	0,00	0	0,06
Warenannahme	7	5,62	1	1,02
Wareneingangsmeldung	8	6,14	2	1,53
Transport zum Besteller	25	19,43	0	1,63
Rechnungseingangsbuchung	10	7,67	0	0,00
Rechungsprüfung (Rechnerische)	5	4,09	0	0,00
Gutschriftverfahren (Abwicklung)	0	0,00	0	0,25
Rechnungsprüfung (Preisliche)	7	5,62	0	0,00
Prüfung (Sachlich und Technisch)	5	4,09	0	0,00
Zahlungsanweisung	5	4,09	0	0,25
SUMME	**182**	**143,16**	**18**	**17,78**

Abbildung 15: Kostengegenüberstellung Frankfurter Flughafen[26]

Das Beispiel des Frankfurter Flughafens wurde auf Grund der Zahlen zwar oft in Frage gestellt, jedoch gibt es wenige Projekte, bei welchen die Kosten ähnlich detailliert aufgeschlüsselt und auch öffentlich zugänglich gemacht wurden. Eine genaue Beschreibung der aufgelisteten Aktivitäten im e-Procurement Umfeld, kann dem Kapitel „Aktivitäten im e-Procurement Umfeld" entnommen werden. Anmerkung zu Abbildung 15: BANF ist die Abkürzung für Bestellanforderung.

[26] Quelle: Frankfurter Flughafen AG

2.9.6 Prozessunterstützung durch e-Procurement Systeme

Um e-Procurement Systeme mit Marktplätzen vergleichen zu können, muss man die einzelnen Prozesse auf die Möglichkeit hin untersuchen, ob diese innerhalb eines e-Procurement Systems oder innerhalb eines Marktplatzes besser abgebildet werden können.

Abbildung 16: Prozessunterstützung durch e-Procurement[27]

Abbildung 16 zeigt die einzelnen Prozesse, welche im Rahmen einer Beschaffung anfallen. Die unterschiedliche Unterstützung des jeweiligen Prozesses eines Katalog Management Systems im Vergleich zu einem elektronischen Marktplatz wird erläutert. Die „Torteneckdiagramme" geben jeweils für Katalog Management Systeme als auch für elektronische Marktplätze das Ausmaß der Unterstützung an. Die dunkelgrauen Felder stehen für keine Unterstützung, die mittelgrauen für eine teilweise Unterstützung und die hellgrauen „Tortenecken" für eine volle Unterstützung des Prozesses.

---

[27] Vgl. Arthur Anderson Consulting (2001), Elektronische Beschaffung in der deutschen Industrie

2.10 Aktivitäten im e-Procurement Umfeld

2.10.1 Bedarfserstellung

Die Bedarfserstellung wird bei dem Einsatz von e-Procurement Systemen von jedem Mitarbeiter eines Unternehmens persönlich (vom Portier bis zum Geschäftsführer - außer in Ausnahmefällen) durchgeführt. Dabei muss sich dank der neuen Browsertechnologie der jeweilige Mitarbeiter nicht einmal mehr innerhalb des Unternehmens befinden, sondern er kann seinen Bedarf von überall auf der Welt über das Internet bestellen. Dabei verhält sich der Mitarbeiter so, als würde er bei Amazon.com oder einem ähnlichen Shopping Portal ganz einfach Online Einkaufen gehen. Durch die personalisierte Identifizierung entfallen alle Tätigkeiten wie Bekanntgabe des Namens und der Abteilung bzw. der Standardkostenstelle, da das e-Procurement System über all diese Informationen bereits verfügt. Der Vorteil in einer persönlichen Abwicklung besteht darin, dass jeder Mitarbeiter seinen Bedarf in Bezug auf das gewünschte Produkt in Hinblick auf Qualität, Menge, Preis und Verfügbarkeit am besten kennt und daher den Teil der Bedarfserstellung selbst erledigen sollte, um nachträgliche Änderungen oder Fehlbestellungen und ähnliches zu vermeiden.

2.10.2 Genehmigungshierarchie

Es gibt unterschiedliche Möglichkeiten eine Genehmigungshierarchie für e-Procurement Prozesse zu organisieren:

- Vier-Augen-Prinzip

Bei Bedarf ist es möglich, für jeden Artikel ein vier Augen Prinzip einzuführen. Dies macht bei C-Teilen an und für sich relativ wenig Sinn – wenn es aber darum geht, gefährliche Substanzen (zum Beispiel in der pharmazeutischen Industrie) zu ordern, macht ein solches Vorgehen schon mehr Sinn, weil es nicht um die Kosten geht, die entstehen könnten, sondern allein um die Tatsache, dass es sich bei den georderten Artikeln um gefährliche oder manchmal auch tödliche Substanzen handelt, welche besonderes Augenmerk verlangen.

- Wertgrenze:

Es können Wertgrenzen festgelegt werden, innerhalb derer jeder Mitarbeiter seinen Bedarf ohne Genehmigung durch einen Vorgesetzten automatisch bestellen kann. Bei der Bestellung einer neuen Maus für den Computer, ein paar Ordnern oder einem neuen Toner für den Arbeitsplatzdrucker macht es wohl kaum einen Sinn, jedes Mal die Genehmigung des entsprechenden Vorgesetzten einzuholen. Der Vorgesetzte oder der Kostenstellenverantwortliche kann sich sowieso jeden Tag tagesaktuelle Reports erstellen lassen, in welchen genau aufgelistet wird, welcher Mitarbeiter welche Produkte bei wem zu welchem Preis etc. bestellt hat. Die Wertgrenzen können auf Kontenebene, Artikelebene, Artikelgruppenebene oder auf einen bestimmten Gesamtwert festgesetzt werden. Unterhalb der festgelegten Grenze kann der Anforderer seinen Bedarf selbst genehmigen. Wird diese Grenze überschritten, wird die Anforderung zu dem vorgesehenen

Genehmiger weitergeleitet. Diese Wertgrenzen werden über eine „Tätigkeit" (Job) oder eine „Position" einem Mitarbeiter oder auch einer Mitarbeitergruppe zugewiesen.

Diese Genehmigungen können auf unterschiedliche Art und Weise erteilt werden:

- Vorgesetzten Variante

Jeder Mitarbeiter hat einen Vorgesetzten. Übersteigt der Wert einer Anforderung die vereinbarten Grenzen (siehe oben) so bekommt der Vorgesetzte eine Benachrichtigung – zumeist über das hausinterne Email System mit einem Link oder er bekommt die Information auf dem Unternehmens-Intranetportal angezeigt, dass eine Bestellanforderung eines Mitarbeiters zu genehmigen ist.

- Positionshierarchische Variante

Anhand des Organigramms werden sogenannte „Positionen" und „Tätigkeiten" (Jobs) definiert.

Eine Tätigkeit ist zum Beispiel eine universelle Beschreibung (Techniker, Assistent). In Verbindung mit einer Position (zum Beispiel Assistent der Geschäftsführung) wird die Kombination im Unternehmen einzigartig. Die Wertgrenzen werden dann auf Positionen vergeben. Innerhalb der Hierarchie kann dann jeder Mitarbeiter wählen, an wen die Benachrichtigung zur Genehmigung weitergeleitet werden soll. Alternativ ist es selbstverständlich auch möglich, zusätzlich zur Genehmigung weitere Personen aus dem Unternehmen miteinzubeziehen, auch wenn dies die Hierarchie bzw. der Workflow gar nicht erfordern sollten. Dies kann zum Beispiel der Fall sein, wenn ein Mitarbeiter oder ein Vorgesetzter die Verantwortung für eine Bestellung nicht alleine tragen möchte.

2.10.3 Materialentnahme

Dieser Punkt kommt nur zum Tragen, sollte ein Mitarbeiter seinen Bedarf nicht direkt über das e-Procurement System decken. Für den Fall, dass durch den Lagerarbeiter eine Aushändigung der Materialien erfolgt, hat dieser auch dafür Sorge zu tragen, dass die Entnahme aus dem Lager im EDV System erfasst wird, damit die Umbuchungen auf die entsprechenden Kostenstellen erfolgen kann = > Bestandsführung im engeren Sinn.

2.10.4 Beschaffungsplanung

Zur Beschaffungsplanung, welche in der Regel durch den Einkauf wahrgenommen wird, gehören Punkte wie das Lieferantenmanagement. Die notwendigen Lieferanten müssen kontaktiert werden, bei Bedarf sind Rahmenverträge zu schließen, und es gehört eine Auswahl der Artikel des Lieferanten getroffen, welche in das e-Procurement System übernommen werden.

Des weiteren gehört entschieden, welche Mitarbeiter welche Produkte sehen oder ordern können.

2.10.5 Materialbeschaffung

Es ist die Aufgabe des Einkäufers dafür Sorge zu tragen, dass alle e-Procurement Systeme relevanten Informationen wie Preis, Lieferzeit und alle artikelbezogenen Daten, welche anschließend in das EDV System eingepflegt werden, verfügbar sind. Im nachhinein ist durch diverse Analysetools zu gewährleisten, dass sich die Lieferanten an die zuvor geschlossenen Rahmenbedingungen halten und die Qualität und die Liefertermintreue den Erwartungen bzw. dem Vereinbarten entspricht. Zu den weiteren Aufgaben der Einkaufsabteilung gehört auch die Überwachung und Anpassung der Genehmigungshierarchien.

2.10.6 Warenannahme

Durch die neuen Webbrowser gesteuerten e-Procurement Systeme kann jeder Mitarbeiter seine eigenen Bestellungen alleine entgegennehmen. Eine teilweise Entlastung des zentralen Einkaufs ist auf diese Art und Weise möglich. Bei besonders eiligen Bestellungen hat diese Art der Zustellung weiters den Vorteil, dass es zu keinen unnötigen Lagerzeiten und zu keinen Transportzeiten innerhalb des Betriebes kommt.

2.10.7 Warenprüfung

Jeder Mitarbeiter kann so die Richtigkeit und Vollständigkeit seiner Bestellung bekannt geben, aber auch gleich bei Bedarf die Qualitätskontrolle durchführen. Etwaige auftretende Mängel werden sofort dem Lieferanten mitgeteilt und finden auch ihre Auswirkungen in der Rechnungslegung.

2.10.8 Rechnungsprüfung

Im Einkauf können die einlangenden Rechnungen auf ihre preisliche, sachliche und rechnerische Richtigkeit geprüft werden. Bei Problemen kommt es zu einer Abstimmung mit dem Bedarfsanforderer, falls dieser die Ware selber entgegengenommen hat. In der Rechnungsabteilung werden die Rechnungen dann nur mehr mit den Informationen aus dem e-Procurement System und den offenen Posten automatisch abgeglichen. Die Zahlung erfolgt ebenfalls elektronisch.

2.11 Prozessoptimierung

Die Prozessoptimierung setzt auf den Daten der zuvor durchgeführten Prozesskostenanalyse bzw. auf den Kosten der einzelnen Prozesse auf. Zuerst wird immer versucht, jene Prozesse zu optimieren, welche die größten Kosten verursachen. Die wichtigsten derzeit am Markt befindlichen e-Procurement Systeme helfen bei der stetigen Prozessverbesserung bzw. Prozessoptimierung. Um eine stetige Prozessverbesserung zu gewährleisten, müssen permanent alle Prozesse optimiert und hinterfragt werden.

Bei der Prozessoptimierung gibt es grundsätzlich zwei Handlungsalternativen und Zielsetzungen zur Optimierung.

2.11.1 Sparprinzip

Beim Sparprinzip kommt es zu einer Verbesserung des Kosten-Nutzen Verhältnisses bei gleichbleibender Leistung. Dies ist die häufigste Ursache für Einsparungsmaßnahmen. Bei einem vorgegebenen Nutzen sollen die Kosten so weit wie möglich reduziert werden.

2.11.2 Maximalprinzip

Bei gleichbleibenden Kosten soll das gewünschte Ergebnis schneller oder mit geringerem Aufwand erreicht werden (bei gleichen Kosten wird der erzielbare Nutzen größer). Als Beispiel aus dem e-Procurement Bereich könnte man hier das Ziel vieler Einkaufsleiter nennen, mit derselben Anzahl von Mitarbeitern in Zukunft mehr Bestellungen, in einer kürzeren Zeitspanne abwickeln zu können.

2.12 Prozessmanagement

Unternehmen suchen laufend Wege und Methoden, um sich in der sich rapide wandelnden Umwelt zu behaupten und sich von der zahlreichen und wachsenden Konkurrenz abzuheben. Optimales Prozessmanagement ist ein, wenn nicht der, Schlüssel zum Erfolg.

2.12.1 Was ist Prozessmanagement?

Man könnte einen Prozess als Lern- bzw. Entwicklungsvorgang umschreiben. Wenn wir einen Entwicklungsprozess beschreiben sollen, denken wir an das Kreieren und Verteilen von Rollen, an das Definieren von Entwicklungsphasen, die nacheinander durchlaufen werden sollen, und an festgelegte Aktivitäten, an Hand derer ein Ziel angestrebt wird. Mit der Zeit werden gewisse Tools und Techniken ausgewählt und eingesetzt, um die Aufgabenerfüllung zu erleichtern. Gewisse Richtlinien werden aufgestellt, um Entwicklungsprozesse leichter planen, beurteilen und verbessern zu können. Das sind alles Merkmale eines Entwicklungsprozesses.

Prozessmanagement umfasst all diese eben genannten Charakteristika. Es geht also darum, eine Strategie und gemeinsame Ziele zu definieren und unter den Prozessteilnehmern Rollen und Verantwortlichkeiten zu verteilen. Dabei ist es wichtig, auf Know-how und notwendige Fähigkeiten zu achten und Kernkompetenzen zu entwickeln. Prozessmanagement ist durch rege Informationsflüsse und die Verwendung hochentwickelter Technologien gekennzeichnet. Charles Trepper, CEO einer Unternehmensberatungsfirma in Minneapolis, definiert Prozessmanagement folgendermaßen: „Process management is the art and science of creating and continuously improving the process of developing and delivering robust IT systems."[28] Demnach geht es darum, den Prozess laufend zu verbessern und so die notwendigen Voraussetzungen zur Erreichung von optimierten Leistungen, geringeren Kosten und im allgemeinen von qualitativeren Anwendungen und Systemen für die Kunden zu schaffen.

2.12.2 Prozessmanagement und Projektmanagement

Es ist wichtig, Prozessmanagement von dem sehr ähnlichen Begriff Projektmanagement zu unterscheiden. Beide verwenden ihnen zur Verfügung stehende Ressourcen, um vordefinierte Ziele zu verfolgen und bestehen aus Teams, die aus den unterschiedlichsten Unternehmensbereichen stammen. Dennoch gibt es einen Unterschied. Prozessmanagement befasst sich damit, wie sich das Unternehmen weiterentwickelt und beinhaltet Projektmanagement. Projekte bestehen nur für eine bestimmte festgelegte Zeit und nähern das Unternehmen immer mehr an allgemeine Ziele an. Prozesse sind hingegen fortlaufend. Charakteristisch ist deren wegweisende Rolle zur Weiterentwicklung.

2.12.3 Best Practices

IT Prozessmanagement kann man mit dem laufenden Streben nach Qualitätsverbesserung in der Erzeugungsindustrie vergleichen, wo Produktionsprozesse laufend verfeinert und modernisiert werden, um die Produktqualität zu verbessern, die Kosten zu senken, Zeit zu sparen und im Endeffekt die Kunden zufrieden zu stellen. Beim Prozessmanagement geht es ebenfalls darum, effizientere und geeignetere Wege zu finden, sogenannte „best practices", diese anzusammeln, anzuwenden und mit deren Hilfe die Entwicklung voranzutreiben. Dabei geht es sowohl um die in der jeweiligen Industrie gängigen best practices als auch um jene, die innerhalb des Unternehmens entdeckt und entwickelt werden. Solche Praktiken müssen erst einmal gefunden werden, was sich schon nicht als einfaches Unterfangen erweist. Dann können sie bei Projekten angewendet werden. Indem man von den Projekten lernt, lassen sich im Endeffekt die Prozesse laufend verbessern und optimieren.

Um solche best practices herauszufinden und unter Einbeziehung des Weges zur Weiterentwicklung werden Bündel an strukturierten Methoden, Tools und Techniken entwickelt, die im gesamten Entwicklungsprozess angewendet werden. Prozessmanagement basiert demnach auf Methodik, die unerlässlich ist, um

---

[28] Vgl. Tepper (2000), Getting an Edge on the Competition, Seite 69

systematisch einen Stock an Wissen aufzubauen, welches wiederum Grundlage eines Entwicklungsprozesses ist.

2.12.4 Aufkommen von Standardprozessen

Eine Folge des Einsatzes von Projektmanagement-Tätigkeiten ist die Entwicklung von Standardprozessen, die laufend verbessert werden. Auf der Suche nach besten Praktiken wird vorhandenes Wissen gebündelt, analysiert und kombiniert. Auf diese Art und Weise werden optimale Techniken gefunden, die somit im gesamten Entwicklungsprozess angewendet werden. Es entstehen Standardprozesse. Schwierigkeiten im Zusammenhang mit Standardisierungsprozessen entstehen auf globaler Ebene. Es ist nicht einfach, Prozesse global zu standardisieren. Die Systementwicklung verändert sich in einer rasanten Geschwindigkeit und die Technologienachfrage ist sehr groß. Prozessmanagement Tools können mit der Geschwindigkeit nur schwer mithalten.

IT Organisationen müssen ihre Entwicklungsprozesse beschleunigen und gleichzeitig Produkte und Services mit besserer Qualität entwickeln. Dabei versuchen Unternehmen vor allem ihre Zykluszeiten zu verringern. Wenn ihnen das gelingt, können sie sowohl Kosten als auch Qualität optimieren. Standardisierungsprozesse bringen auf globaler Ebene auch kulturelle Verschiebungen mit sich. Mitarbeiter müssen sich kontinuierlich an neue Wege und Methoden zur Weiterentwicklung ihrer Systeme anpassen. Das impliziert das Kennenlernen und Aneignen neuer Methoden und Techniken, was zu kleinen zeitlichen Verzögerungen von Projekten führen kann.

2.12.5 Herausforderungen im Prozessmanagement

Es gibt gewisse Voraussetzungen, die erfüllt sein müssen, damit Prozessmanagement effizient funktioniert. Eine davon ist das Vorhandensein klar definierter Ziele, die über alle Organisationseinheiten hinweg bekannt sind und auch intensiv verfolgt werden. Solche Ziele müssen messbar sein, sonst können sie nicht wirksam erreicht werden. Weiters können Ziele nicht ohne Engagement auf allen Ebenen realisiert werden. Besonders in schwierigen Zeiten der Veränderung, wie oben bereits erwähnt, ist ein gemeinsamer Glaube an zum Beispiel die Notwendigkeit der Implementierung neu strukturierter Prozesse und Einsatz und Engagement trotz erschwerten Arbeitsverhältnissen ein absolutes Muss.

Eine dritte Voraussetzung eines erfolgreichen Prozessmanagements ist das Konzentrieren auf das Wesentliche und auf die Verwirklichung der Ziele. Wenn dieser Fokus nicht gegeben ist, kann es nie zu einem zufriedenstellenden Ergebnis kommen, da sich der Prozess im Kreise drehen würde.

2.12.6 Effizientes Prozessmanagement

Um effizientes Prozessmanagement gewährleisten zu können, gibt es einige Prämissen. Einige wurden bereits erwähnt. Grundlage für den Erfolg ist, dass alles messbar ist. Alle Ziele, alle Methoden etc. müssen messbar sein, um erkennen zu können, ob sie effizient durchgeführt werden bzw. ob Verbesserungs- und Entwicklungspotentiale bestehen. Außerdem muss man kontinuierlich daran denken, dass die Prozesse weiterentwickelt und verbessert werden müssen. Man muss geeignete best practices erkennen und einsetzen, um einen Entwicklungsprozess und somit ein effizientes Prozessmanagement zu ermöglichen. Prozesse müssen von Grund auf verbessert werden. Dabei können neben dem Wissen der IT Spezialisten auch das Wissen bzw. die Bedürfnisse von Kunden von Nutzen sein. Das heißt, Prozessmanagement sollte jeden miteinbeziehen, der nur irgendwie involviert ist.

Neue Prozesse müssen ein Teil des Unternehmens werden. Das gesamte Unternehmen und all seine Mitarbeiter müssen sich mit den Prozessen identifizieren können. Nur so kann man davon ausgehen, dass es sich um effiziente Prozesse handelt, die laufend verbessert werden. Die Prozessimplementierung muss über alle Unternehmensbereiche, -funktionen und -ebenen hinweg erfolgen. So entsteht eine kollaborative Firmenkultur, Wissen wird geteilt und gemeinsam wird neues Wissen generiert. Zusammenarbeit und gemeinsames Engagement ermöglichen eine schnellere Entwicklung und folglich höhere IT Produktivität dank wiederverwendeter best practices. Gemeinsames Ziel im Endeffekt ist, qualitative Systeme zu erschaffen, die den sich rasch ändernden Wünschen der Kunden gerecht werden und jene flexibel erfüllen können.

Zusammenfassend ist zu sagen, dass Prozessmanagement den Unternehmen eine wichtige Grundlage dafür bietet, nützliche und präzise Maße zu finden, um aus Projekten und aufkommenden Fehlern zu lernen, bessere Planung zu gewährleisten und kostengünstigere Projekte mit optimaleren Ergebnissen und geringeren Fehlerquoten zu ermöglichen. Prozessmanagement gewinnt immer mehr an Bedeutung, da Unternehmen verstärkt zusammenarbeiten und sich zunehmend zu e-Businesses entwickeln. Prozesse sind eine wichtige Basis, um die Entwicklung von neuen Unternehmensvorhaben und Technologien zu ermöglichen. Unternehmen befinden sich also laufend in einem Lernprozess, um Produktivität steigern zu können.

2.13 Prozessmanagement im e-Procurement Projekt

Vor der Einführung eines neuen e-Procurement Systems gehören einige Punkte vorab geklärt. Diese sind mitunter die wichtigsten Entscheidungen, welche über den Erfolg oder den Nichterfolg einer e-Procurement Lösung entscheiden. Aufgabe eines guten Prozessmanagements ist es, alle diese Punkte im vorhinein abzuklären, um die Entscheidungsfindung zu erleichtern und, nachdem diese getroffen wurde, die Umsetzung so reibungslos wie möglich zu gewährleisten.

2.13.1 Die Schnittstellen zu den Systemen

Untenstehender Graphik können alle notwendigen Schnittstellen der Teilfunktionen eines e-Procurement Systems entnommen werden.

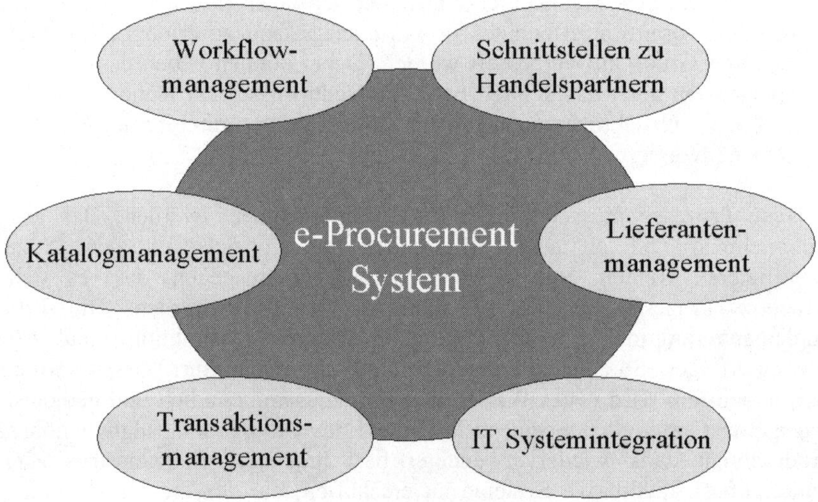

Abbildung 17: Schnittstellen der Teilfunktionen[29]

Es wird hier das bekannte Black Box Prinzip verwendet, bei welchem alle logischen Schnittstellen, welche in das System einfließen, geplant und aufeinander abgestimmt werden. Nach der Klärung der Schnittstellen muss man sich auf die Formate und die Inhalte der Schnittstellen einigen. Zu einigen Systemen wird es bereits Standard Schnittstellen geben. Bei der Lieferantenkommunikation zum Beispiel EDI- oder XML-Schnittstellen oder verfügbare Import/Export Schnittstellen zu bestehenden ERP Systemen.

[29] Vgl. Möhrstadt (2000), Electronic Procurement

3 Change Management

e-Procurement Projekte sind nicht nur reine IT Projekte, bei welchen es darum geht, eine Lösung rasch zu implementieren und eine Integration in die vorhandenen Back End Systeme durchzuführen, sondern vielmehr ist ein Umdenken von der bisherigen Arbeitsweise bei allen Mitarbeitern eines Unternehmens gefragt.

Der Erfolg bzw. Misserfolg einer e-Procurement Lösung hängt in erster Linie von der Akzeptanz seitens der Mitarbeiter ab. Um diese Akzeptanz zu erreichen, ist es notwendig, dass das e-Procurement Projekt vom Vorstand eines Unternehmens nicht nur unterstützt – sondern getragen wird.

Des weiteren ist es notwendig, den Mitarbeitern die Vorteile, welche mit dem Einsatz des e-Procurement Systems verbunden sind, zu erläutern. Gemeint sind hier nicht etwa die strategischen Vorteile für das Unternehmen und die möglichen Einsparungseffekte, sondern die Vorteile, welche jeder Mitarbeiter persönlich aus der Nutzung eines e-Procurement Systems ziehen kann. An persönlichen Vorteilen sind unter anderem zu nennen:

- Abhängigkeit vom Einkauf sinkt
- kürzere Bestellzeit (gesamt)
- kürzere Durchlaufzeit der Bestellung (interne Durchlaufzeit)
- Möglichkeit der Einsichtnahme in den Bestellstatus
- Reduzierung / Ausschaltung von Fehllieferungen
- Selbstentscheidungsfreiheit bis zu einem gewissen Betrag
- verbesserte Produktinformationen
- etc...

Bei Betrachtung von fehlgeschlagenen Management Change Projekten kommt man immer wieder zu denselben Erkenntnissen[30] in Bezug auf die begangenen Fehler. Als Hauptfehlerquellen konnten ausgemacht werden:

- mangelndes Wissen über die persönlichen Vorteile der neuen Lösung für die einzelnen Mitarbeiter
- Mitarbeiter fürchten die gestiegene Transparenz ihrer tatsächlich geleisteten Arbeit (im Falle von e-Procurement ihrer tatsächlich getätigten Bestellungen und der Vergleich mit den Bestellwerten anderer Mitarbeiter)

---

[30] Vgl. Zeugswetter (2001), Workflowprojekte – Traum und Wirklichkeit

- Änderungen in der bisherigen Arbeitsweise werden negativ gesehen, sollte nicht eine klare und einleuchtende Begründung für die Veränderung gegeben sein.

Change Management Prozesse müssen auch bei ihrer Initialisierung gesamtheitlich betrachtet und über alle Management- und Hierarchie-Ebenen entsprechend kommuniziert werden. Es muss eine Koordination des Projektes mit der Gesamt–Firmenstrategie übernommen werden. Es muss stets darauf geachtet werden, dass die Kommunikation über die Veränderungen und die Gründe der Veränderung für alle Mitarbeiter eines Unternehmens klar ersichtlich sind. Es sollte auch innerbetrieblich Werbung für das Projekt gemacht werden, um eine breite Akzeptanz zu schaffen und allen Mitarbeitern die Vorteile zu verdeutlichen. Bedenken der Mitarbeiter dürfen nicht durch Druck und Ausnützen von Machtverhältnissen einfach beiseite geschoben werden.

Wichtig ist die interdisziplinäre Zusammenarbeit aller, am Projekt beteiligter Abteilungen und die Koordination dieser. Die Einbindung von externen Beratern kann bei der Bewältigung dieser Aufgaben helfen. Doch ist die volle Unterstützung des Managements bei der Umsetzung von e-Procurement Projekten immer noch einer der wichtigsten Erfolgsfaktoren für ein erfolgreiches Gelingen.

4 Desktop Purchasing Systeme

Der Markt für e-Procurement Systeme hat wie die gesamte e-Business Branche soeben eine Konsolidierungsphase durchgemacht, welche noch nicht abgeschlossen ist. Kleinere, aber auch größere Softwareschmieden sind von der Bildfläche verschwunden. Dieser Umstand hat zu einer Stabilisierung des Marktes geführt. Dies ist eine gute Nachricht für jene Unternehmen, welche gerade auf der Suche nach einer passenden e-Procurement Lösung sind. Diese können sich relativ sicher sein, dass nur die erfolgreicheren Unternehmen, welche ausgereifte Produkte und eine größere Anzahl von Implementierungen aufweisen konnten, sich durchgesetzt haben. Heute gibt es eine überschaubare Anzahl von international agierenden Softwareunternehmen, welche ihre e-Procurement Systeme auch im deutschsprachigen Raum anbieten.

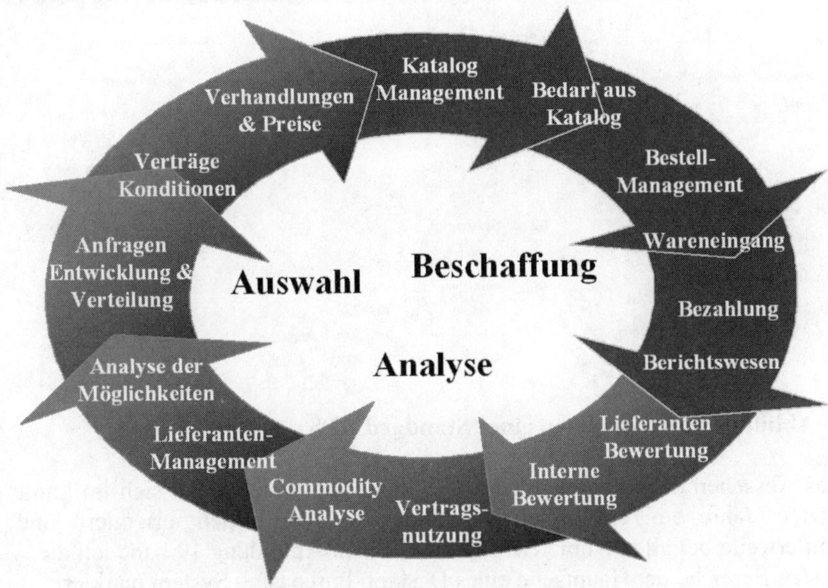

Abbildung 18: Funktionsumfang e-Procurement Lösungen[31]

Der Funktionsumfang der erfolgreichen e-Procurement Systeme nähert sich immer mehr an (vgl. Kapitel 4.2).

[31] Vgl. Oracle Präsentation (2002)

4.1 Definition Desktop Purchasing System (DPS)

Unter einem Desktop Purchasing System wird eine Softwareapplikation verstanden, welche die automatisierte Abwicklung von Beschaffungstätigkeiten von Gütern mit geringer strategischer Bedeutung und einem hohen Automatisierungspotential ermöglicht.

Wesentliches Element eines Desktop Purchasing Systems ist ein Multi- Lieferanten Katalog (siehe Kapitel 7.1.1), innerhalb dessen die Katalogdaten einer großen Anzahl von Lieferanten nebeneinander konsolidiert sind[32]. Bei diesen Katalogdaten handelt es sich zumeist um MRO Güter (siehe Kapitel 1.8).

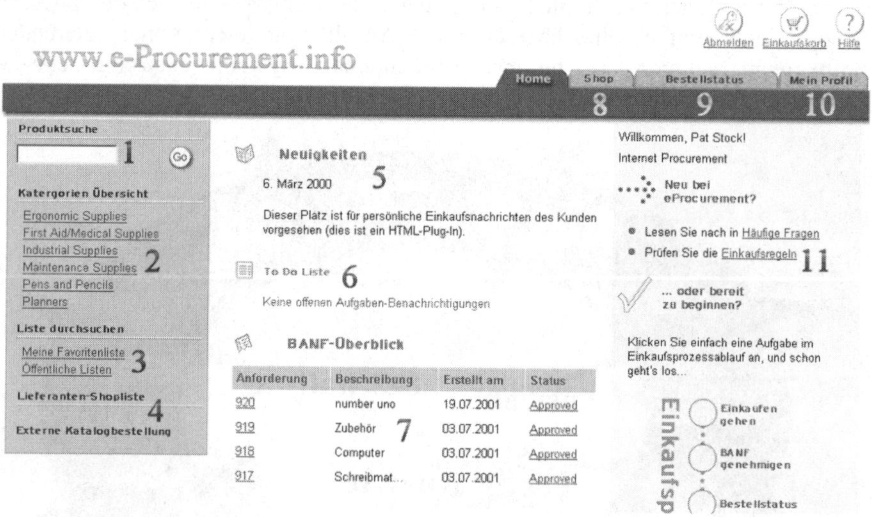

Abbildung 19: Aussehen eines Standard DPS

Das Aussehen der führenden Desktop Purchasing Systeme hat sich im Laufe der letzten Jahre an erfolgreichen e-Shopping Plattformen orientiert und ist mittlerweile bei allen Anbietern sehr ähnlich. In Abbildung 19 habe ich die wichtigsten Bereiche der Hauptseite eines Desktop Purchasing System markiert:

1) Produktsuche: Hier kann nach allen Artikeln im System gesucht werden
2) Kategoriesuche: Hier kann man sich durch die einzelnen Kategorien wie zum Beispiel über den Bürobedarf zu den Schreibwaren etc. weiterhanteln
3) Favoriten: Sowohl persönliche Favoritenlisten als auch Unternehmenslisten (denkbar für Komplettausstattungen neuer Mitarbeiter einer Firma mit Büroutensilien) sind zugänglich

---

[32] Vgl. KPMG (2001), eTerms Verzeichnis

4) Externe Links: Verbindung zu externen Partnern wie Lieferantenhomepages oder elektronischen Marktplätzen
5) Neuigkeiten: Hier können die wichtigsten Neuigkeiten der Einkaufsabteilung (über neu angebundene Lieferanten etc. veröffentlicht werden)
6) ToDo Liste: Vor allem relevant für Vorgesetzte, welche Freigaben von Einkaufslisten ihrer Mitarbeiter durchführen müssen
7) BANF Überblick: Wahrscheinlich einer der wichtigsten Bereiche der Loginmaske. Hier kann sich der Mitarbeiter auf einen Blick über den aktuellen Status seiner Bestellanforderungen informieren
8) Shop: Hier verbirgt sich die komplette Such- und Einkaufsfunktionalität des Systems, während auf der Startseite nur die wichtigsten Suchkriterien zur Verfügung stehen
9) Bestellstatus: Hier kann sich der Mitarbeiter über alle bisher getätigten Bestellungen mit allen Details informieren
10) Profil: Hier kann der Mitarbeiter selbstständig wichtige Einstellungen wie seine Standardkostenstelle oder seine derzeitige Raumnummer aktuell halten. Der Aufwand für eine zentrale Verwaltung der Daten wird auf diese Weise reduziert.

4.2 Kurzvorstellung einer Auswahl von DPS

Durch die Konsolidierung des Marktes 2001 und 2002 haben sich viele Anbieter von e-Procurement Lösungen vom Markt verabschiedet. Geblieben sind die großen und diejenigen, welche sich als erste auf diesem sehr interessanten Markt engagiert haben. Diese Konsolidierungsphase hat aber auch ihre guten Seiten gehabt, da sich nun die Spreu vom Weizen getrennt hat und nur mehr wirklich seriöse Anbieter von derartigen Softwarelösungen übriggeblieben sind. Regeln, welche schon immer für Unternehmen bei Strategie-Entscheidungen relevant waren, gelten und sollten in jedem Fall auch bei der Wahl des e-Procurement Systemanbieters eine Rolle spielen. Dazu gehören so einfache Kennziffern wie die Anzahl der Jahre, welche das Unternehmen bereits am Markt ist, die Anzahl der Referenzkunden, welche das Unternehmen vorweisen kann, die Unternehmensergebnisse der letzten Jahre, die Anzahl der Mitarbeiter und vor allem der Support des Unternehmens (Anzahl Mitarbeiter) in dem jeweiligen Land vor Ort.

Des weiteren hat sich der Funktionsumfang aller e-Procurement Lösungsanbieter durch die Marktreife, zu welcher die e-Procurement Produkte im Laufe der letzten Jahre gelangt sind, immer mehr angepasst. Die heute am Markt erhältlichen e-Procurement Lösungen haben einen sehr ähnlichen Funktionsumfang und bieten auch in etwa alle ein ähnliches Set von Tools an, um die Funktionalität der e-Procurement Lösungen zu verbessern. Zu diesen zusätzlichen Funktionalitäten zählen Marktplätze, Tools zum Verwalten und Erstellen von Katalogen, Tools für Auktionen bzw. „Reverse Auctioning“ und dergleichen. Auch ist die Integration in bestehende ERP- und angelagerte Systeme ist heute ein wichtiges Thema, welches bei der Entscheidung für einen Lösungsanbieter auf jeden Fall genau unter die Lupe genommen werden sollte. Die meisten Hersteller bieten zwar Standard-Schnittstellen zu den verbreitetsten ERP-, Finanz- und Materialwirtschaftssystemen an, jedoch ist der Integrationsaufwand bzw. der Anpassungsaufwand zwischen den einzelnen Herstellern oft enorm.

Ein weiterer wesentlicher Entscheidungsaspekt für einen bestimmten Anbieter sollte die Anzahl der unterstützten Standards im Katalogmanagementbereich (siehe Kapitel 6.3) und die unterstützten Standards bei der elektronischen Datenkommunikation (siehe Kapitel 9) sein. Hierbei ist besonders darauf zu achten, welche Standards die wichtigsten Geschäftspartner des jeweiligen Unternehmens derzeit bereits unterstützen und auf welche Standards diese in Zukunft setzen wollen.

Auf eine genaue Beschreibung des Funktionsumfanges der einzelnen Lösungen möchte ich im Rahmen dieses Buches verzichten, da diese in den aktuellen Prospekten und Produktbeschreibungen des jeweiligen Herstellers, bzw. über das Internet abrufbar sind. Zusätzlich ändern sich diese sehr rasch und Informationen im e-Business Umfeld verfügen sowieso über eine extrem kurze Halbwertszeit.

Die von mir für eine Kurzvorstellung ausgewählten Unternehmen besitzen auf keinen Fall Ausschließlichkeitscharakter. Bei den vier Softwareanbietern handelt es sich um wichtige Vertreter der Gruppe der Desktop Purchasing Systeme. Diese haben funktionierende Lösungen quer durch alle Branchen auch im deutschsprachigen Raum vorzuweisen. Auf Grund der Einschränkungen, welchen ein Buch wie dieses unterliegt, kann ich nur ein paar Systeme exemplarisch aufgreifen. Ich habe versucht, nicht zu produktspezifische Informationen zu geben und vielmehr auf die allgemeine Philosophie und die Produktstrategie des Unternehmens einzugehen. Die vorgestellten Lösungen und Produkte werden auch bereits als ASP (Application Service Providing) Lösungen angeboten. Die ASP Lösungen zeichnen sich durch schnellere Implementierungszeiten und durch leichter berechenbare Kosten aus. Die Verrechnung erfolgt nach unterschiedlichen Kriterien wie Anzahl der User, Anzahl der Transaktionen, Onlinezeit etc.

4.2.1 Ariba (*www.ariba.com*) - Buyer

4.2.1.1 Backgroundinformationen Ariba

Ariba wurde erst 1996 gegründet und hat das Hauptquartier in Kalifornien in den USA. Ariba hatte zur e-Business Boomzeit Ende 2000 mehr als 1000 Mitarbeiter weltweit. Auf Grund der schwierigen Lage für e-Business Unternehmen war ebenfalls Ariba 2001 gezwungen, Mitarbeiter abzubauen. Ariba wird unter ARBA an der Nasdaq Stock Exchange gehandelt und war bis Ende

2001 sogar unter den Top 100 Werten der Nasdaq (Nasdaq 100), wurde jedoch auf Grund der zurückgegangenen Marktkapitalisierung[33] aus der Liste gestrichen[34]. Laut Ariba arbeiten weltweit mehr als 3,7 Millionen Menschen mit den Ariba Procurement Lösungen (Stand:07/ 2002).

4.2.1.2 Kurzvorstellung– Ariba Buyer und angelagerte Produkte

Die Ariba Lösung eignet sich sowohl für direkte als auch für indirekte Waren, Dienstleistungen, Dienstreisen und dergleichen. Die Lösung unterstützt strategische Analysen, dynamische Business Regeln (Workflows) und (wie der Mitbewerb) Standard Schnittstellen zu diversen ERP-Lösungen. Die Ariba Buyer Lösung kann durch Zusatzmodule aus dem Gesamtbereich der Ariba Spend Management Solution erweitert werden. Beispiele hierfür wären: Ariba Contracts (für das Handling von Rahmenverträgen und Kontrolle der Einhaltung), ein Travel und Expense Modul zur Verwaltung von Reisespesen, Ariba Workforce zur Unterstützung der Verwaltung von Zeitarbeitskräften und so weiter. Ariba bietet neben einem eigenen Marktplatz (Ariba Marketplace) auch ein Marktplatztool (Ariba Commerce Center) an, sowie Tools für Auktionen und „reverse auctioning“. Unter reverse Auctioning werden Auktionen verstanden, bei denen gut standardisierbare Waren, für welche es eine ausreichende Anzahl von Lieferanten gibt, eingeladen werden, um bei einer Online Auktion teilzunehmen. Nur gibt es bei dieser Art von Auktionen eine fix vorgegebene Menge, einen fixen Liefertermin und eine gewünschte Qualität der Ware. Die Lieferanten unterbieten sich beim Preis gegenseitig. Der Bestbieter erhält den Zuschlag. Als Beispiel kann eine reverse auction für den Kopierpapierbedarf eines Unternehmens für mehrere Monate genannt werden.

Ariba hat wie Commerce One mit Tools begonnen, welche e-Procurement als Sell-Side Lösung betrieben und den Einkauf der Unternehmen direkt bei den Lieferanten erlaubten. CommerceOne wurde immer als größter Konkurrent von Ariba angesehen, da sie sich ebenfalls auf Großunternehmen konzentrierten, während Anbieter wie Clarus sich eher auf mittelständische Unternehmen spezialisiert. Ariba hat Allianzen mit vielen bedeutenden Unternehmen geschlossen, um die eigene Position zu stärken. Zu dieser Allianz gehören Unternehmen wie die Bank von Amerika, Cisco, IBM oder I2. Durch den Schwenk von IBM in Richtung einer stärkeren Kooperation mit SAP ist die bisher sehr starke Partnerschaft mit Ariba natürlich geschwächt. Ferdinand Prezenski – bei IBM Europa verantwortlich für den Bereich Datenmanagement – betonte zwar[35]:„Die Vereinbarung bedeutet keinen Strategiewechsel für IBM“ – welche bisher in den Bereichen Handelsplattformen und elektronischer Einkauf mit den amerikanischen Anbietern Ariba und I2 zusammengearbeitet haben, sondern „Es gibt nach wie vor Kunden, die Strategien mit mehreren Anbietern fahren, und

[33] Vgl. Schöne Bescherung: 13 Hightech-Werte fallen aus Nasdaq 100 (18.12.2001), www.heise.de

[34] Vgl. Ariba (2001), What does Ariba do?

[35] Vgl. Heise Newsticker (2001), IBM und SAP bauen weltweite Allianz aus

solche die sich auf SAP konzentrieren wollen." Jedoch ist dies für Ariba sicherlich ein Rückschlag, da diese nach dem Ende des e-Business Booms ebenfalls ein wenig ins „Strudeln“ geraten sind und SAP an dem Hauptkonkurrenten von Ariba - CommerceOne mit 20 Prozent[36] beteiligt ist.

4.2.1.3 Ariba Business Modell und Strategie

Ariba möchte sich nicht darauf beschränken, Betreiber von Marktplätzen im Internet zu sein, sondern möchte in Kooperation mit anderen marktführenden Unternehmen auf ihrem Gebiet ein starkes B2B Netzwerk entwickeln. Ariba ist davon überzeugt, dass die Zusammenarbeit mit anderen Technologie Führern der einzige Weg zum Erfolg ist, da kein Unternehmen alle relevanten Bereiche alleine abdecken kann. Aus diesem Grund war Ariba stets an Partnerschaften mit anderen Technologieführern interessiert. Für Ariba war die Integration aller Geschäftspartner eines der Schlüsselelemente für den Unternehmenserfolg. Durch eine Kombination von eigenen Lösungen, Partnerschaften und erfolgten Übernahmen kann Ariba ein breites Spektrum an Dienstleistungen[37] anbieten:

- Content- und Katalogmanagement (Eigenentwicklung und Partnerschaft mit Requisite)
- Echtzeit-Auktionen und Preisermittlung (Trading Dynamics Übernahme)
- Entwickeln und Betreiben von Marktplätzen (Tradex Übernahme)
- Indirekte Beschaffung (Ariba Buyer)
- Supply Chain Management (Partnerschaft mit I2)
- Zahlungslösungen (Partnerschaft mit American Express und Verisign)
- etc...

Durch die Anziehungskraft, welche die großen Unternehmen, die Ariba einsetzen auf verbundene Unternehmen ausüben, werden weitere Unternehmen und ebenfalls kleinere Unternehmen angelockt, welche ihrerseits wiederum die Position des Ariba Netzwerkes verstärken. Das Lizenzmodell von Ariba ist ähnlich dem von Oracle auf die Anzahl der über das Desktop Purchasing System abgewickelten Transaktionen ausgerichtet. Ariba gehört auch zu den Gründungsmitgliedern des UDDI Standards (siehe Kapitel 9.3). In welche Richtung der neue CEPO von Ariba, Herr Robert M. Calderoni, das Unternehmen führen wird, bleibt abzuwarten. Jedoch möchte sich das Unternehmen (entsprechend ersten Aussagen) wieder auf seine Kernkompetenz – den gesamten Bereich des Spend Managements konzentrieren.

4.2.1.4 Referenzkunden Ariba

- AMD
- Baxter Healthcare
- BMW
- Dell Computer

---

[36] Vgl. Heise Newsticker (2001), SAP kauft weitere Anteile von Commerce One
[37] Vgl. Case Study Ariba (2001) http://fox.rollins.edu

- FedEx Corporation
- IBM
- Lexmark
- Morgan Stanley
- Motorola
- Nestle
- Novartis,
- Segate Technology Inc.
- Telecom New Zealand

4.2.1.5 Ariba Kontakt Deutschland/Österreich/Schweiz/International

Deutschland	Ariba Deutschland GmbH Feringastrasse 6 D- 85774 München, Deutschland Telefon: +49 (0) 89-9921-6637
International	Ariba Headquater USA 807 11th Avenue Sunnyvale, Ca 94089 , U.S.A Telefon: +1-650-390-1000
Österreich	Keine eigene Niederlassung
Schweiz	Ariba Switzerland GmbH/Sarl/Ltd WTC, Leutschenbachstrasse 95 CH-8050 Zürich, Schweiz Telefon: +41 1 308 36 13

4.2.2 CommerceOne (*www.commerceone.com*) - Enterprise Buyer

COMMERCE ONE.

4.2.2.1 Backgroundinformationen CommerceOne

CommerceOne hat sich wie Ariba e-Procurement und Marktplatz Lösungen verschrieben. Das Unternehmen wurde im Jahre 1994 als DistriVision Development Corporation gegründet und wurde im Jahre 1997 in CommerceOne umbenannt. Im Jahr 1999 erfolgte der Börsengang des Unternehmens[38]. Der Name, unter welchem CommerceOne auf der Nasdaq gehandelt wird, ist CMRC. Der Unternehmenssitz befindet sich in Kalifornien (USA). Das Unternehmen musste Ende 2001 ebenfalls die Anzahl der Mitarbeiter reduzieren.

[38] Vgl. Commerce One (2001), Investor Relations, www.commerceone.com

Der ursprüngliche Geschäftszweig von CommerceOne lag in der Erstellung von Produktkatalogen – erst später wandte sich das Unternehmen der Programmierung von Desktop Purchasing Systemen zu und dann schließlich der Entwicklung von Marktplätzen und Portalen (CommerceOne MarketSite).

4.2.2.2 CommerceOne Business Modell und Strategie

Das Unternehmen hat immer sehr stark auf Microsoft Produkte bei der Erstellung ihrer Programme und Schnittstellen zu anderen Systemen gesetzt. Diese Strategie hat CommerceOne beibehalten, wobei bei der Integration zu anderen Back End Systemen auf XML Technologie gesetzt wird. Für die Analyse der Reportings und der ausgelösten Transaktionen und deren Bewertung setzt das Unternehmen ebenfalls auf Microsoft Technologie.

Da die Erstellung von Produktkatalogen die anfängliche Kernkompetenz von CommerceOne darstellt, hat sich das Unternehmen im speziellen auf dem Gebiet des Content Managements und der Katalogverwaltung durch einen sehr großen Funktionsumfang von den Konkurrenten unterschieden. CommerceOne war auch eines der ersten Unternehmen, welches eine Staging Area unterstützte. Unter Staging Area versteht man eine Prüfinstanz, in welche die elektronischen Kataloge der Lieferanten vor der Übernahme in das Produktivsystem gestellt werden, um sie dort ein letztes Mal auf Korrektheit der Daten (entsprechend den Rahmenverträgen etc.) und auf korrekten Satzaufbau zu prüfen. Erst nach Freigabe des Kataloges (zum Beispiel zuerst durch den Lieferanten und anschließend durch den Einkäufer, mit welchem der Rahmenvertrag geschlossen wurde) werden die Kataloginformationen von der „Staging Area" in das Produktivsystem übernommen.

CommerceOne hat sich stets darauf spezialisiert, die Integration in SAP R/3 Systeme in einer sehr komplexen Art und Weise anzubieten. CommerceOne nützt sogar den SAP Workflow für die Umsetzung der Beschaffungsrichtlinien und der Genehmigungshierarchien. Dieser Umstand dürfte auch das auslösende Moment für die Beteiligung von SAP an CommerceOne gewesen sein. SAP hat sich im Jahre 2000 an CommerceOne beteiligt und diese Beteiligung im Juni 2001 auf 20 Prozent erweitert. Auch CommerceOne war 2001 in Bedrängnis gekommen, doch das verstärkte Engagement und die Beteiligung von SAP hat in dieser Situation positiv ausgewirkt.

Anlässlich des Zukaufs von CommerceOne Anteilen durch SAP erklärte Mark Hoffman, Chairman und CEO von CommerceOne[39]: „Unsere Allianz mit der SAP war vom ersten Tag an darauf ausgelegt, Lösungen für die unternehmensübergreifende Zusammenarbeit zu liefern. Sie ermöglichen Unternehmen das Geschäft mit ihren Partnern und Kunden über eine offene e-Business-Plattform – jederzeit und überall."

[39] Vgl. SAP Pressearchiv (2001), SAP verstärkt Partnerschaft mit CommerceOne

4.2.2.3 *Kurzvorstellung– CommerceOne Buy*

Im Jahre 2000 brachten CommerceOne und SAP in Kooperation Produkte für Desktop Purchasing Systeme und für Marktplätze auf den Markt. Seit 2001 haben jedoch beide Unternehmen wieder unterschiedliche Produkte für das e-Procurement Umfeld im Portfolio. Das aktuelle Produkt von CommerceOne heißt CommerceOne Buy und deckt wie die anderen Lösungen, welche in diesem Buch vorgestellt werden den Kompletten Beschaffungsprozess von der Auswahl bis hin zur elektronischen Bezahlung ab (procure to pay) und alle Prozesse werden in Echtzeit abgewickelt. Die Lösung ist selbstverständlich an den CommerceOne Marktplatz CommerceOne.net (einem Netzwerk von elektronisch angebundenen Lieferanten, welche ohne weiteren Aufwand mit CommerceOne Kunden in Geschäftsbeziehung treten können und die Dokumente in Folge auch elektronisch übermitteln können). Dadurch werden Informationen wie zum Beispiel Online Lagerbestand-Abfragen, Lieferterminzusage und Online-Änderungen von Bestellungen ermöglicht. Zusätzlich besteht auch die Möglichkeit der Anbindung an das Global Trading Web- einer der weltweit größten Online Gemeinschaften von Lieferanten. Die von CommerceOne dafür eingesetzten Module (CommerceOne Buy Version 5.0-Stand 08/2002) sind:

- Procurement
- Auktionstools
- Tools zur elektronischen Rechnungsabwicklung
- Supplier Self Service
- Handelspartneranbindungstools
- Analyse- und Auswertungstools
- etc...

4.2.2.4 *Referenzkunden CommerceOne*

- Akzo Nobel
- Booth
- CC-Chemplorer
- Country of Los Angeles
- Deutsche Telekom
- Exostar
- Pacific Gas and Electric
- Schlumberger
- Siemens
- Valeo
- etc.[40]

[40] Vgl CommerceOne (2001), Corporate Brochure

4.2.2.5 CommerceOne Kontakt Deutschland/Österreich/Schweiz/International

Deutschland	Commerce One (Deutschland) GmbH Wamslerstrasse 2 D-81829 München Telefon: +49 89 420 795 0
International	CommerceOne International CarAmerica C.C., 4440 Rosewood Drive Pleasanton, CA 94588 (U.S.A.) Telefon: +1 925 520 6000
Österreich	Keine eigene Niederlassung
Schweiz	CommerceOne, Aircenter Stelzenstrasse 6, Glattbrugg CH-8152 Schweiz Telefon: +41 1 808 6600

4.2.3 SAP (*www.sap.com)* - Supplier Relationship Management

4.2.3.1 Backgroundinformationen SAP

Die SAP AG mit Sitz in Walldorf (Deutschland) wurde im Jahre 1972 von fünf ehemaligen IBM Mitarbeitern gegründet und war ursprünglich auf betriebswirtschaftliche Standardsoftware konzentriert. SAP steht für Systeme, Anwendungen und Produkte in der Datenverarbeitung. Im Markt der ERP (Enterprise Ressource Planning) Software ist SAP mit ihrem Produkt R/3 weltweit führend. SAP hat Kunden in 120 Ländern und der derzeit drittgrößte unabhängige Softwarelieferant der Welt[41]. SAP hat sich auf Branchenlösungen und e-Business spezialisiert und bietet diese weltweit an. Das Unternehmen verfügt (Stand: 08/2002) über ca. 29.000 Mitarbeiter weltweit.

4.2.3.2 SAP Business Modell und Strategie

e-Business Applikationen gehören heute ebenfalls zu den wichtigsten Produkten des Unternehmens. SAP hat eine eigene e-Business Plattform mit dem Namen mySAP.com gegründet. Die e-Procurement Lösung wurde anfänglich unter dem Namen Business2Business (B2B) Procurement, ab 2001 unter der Bezeichnung Enterprise Buyer vertrieben. Die derzeitige Bezeichnung (Stand 08/2002) lautet Supplier Relationship Management.

[41] Vgl. SAP (2001), SAP Investor Relations

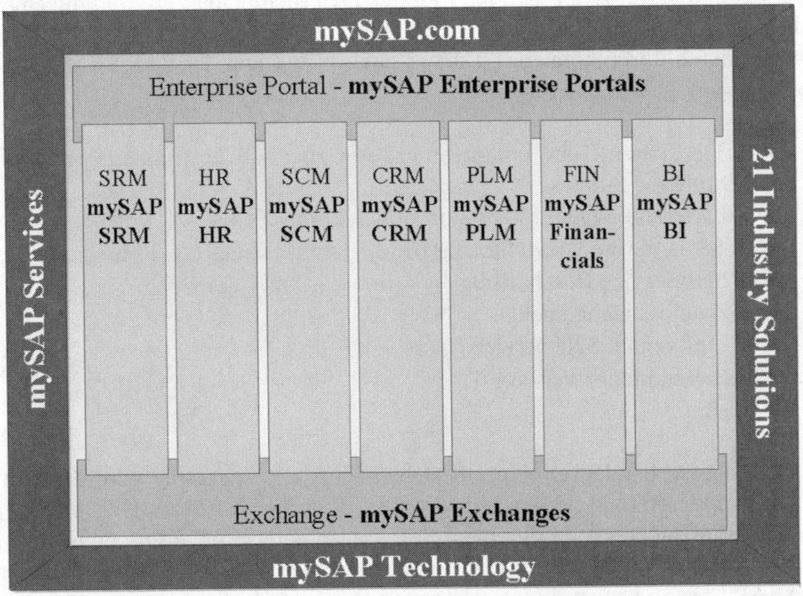

Abbildung 20: Die e-Business Plattform mySAP.com[42]

SAP verfügt über eine große Anzahl von Softwaremodulen und Branchenlösungen, welche dem Unternehmen den heutigen Erfolg beschert haben. Für nahezu alle Kundenbedürfnisse hat SAP eine passende Lösung im Portfolio. Durch die weite Verbreitung der Software bieten auch nahezu alle anderen Softwarehersteller Standardschnittstellen zu SAP Modulen an. Portaltechnologien sind nun ebenfalls fixer Bestandteil des SAP-Produktportfolios. Nach dem Statement von H. Plattner[43]: „Wir haben erkannt, dass wir niemals unseren Traum erreichen können, alle Unternehmensapplikationen aus einer Hand zu produzieren." ist mit einer weiteren Öffnung Seitens SAP zu anderen Software Lösungen zu rechnen.

4.2.3.3 Kurzvorstellung– SAP Supplier Relationship Management

Der Hauptvorteil der SAP e-Procurement Lösung liegt in der einfachen Integration in eine bereits vorhandene SAP Umgebung. SAP Supplier Relationship Management kann zum Beispiel den bereits vorhandenen SAP Workflow nutzen und die Mitarbeiterdaten und Kostenstelleninformationen aus bestehenden SAP Umgebungen beziehen. Der Einsatz von Supplier Relationship Management hat bei einem SAP Umfeld den Vorteil, dass der Integrationsaufwand im Vergleich zu Lösungen anderer Anbieter zumeist geringer ist. Zusätzlich verfügen große Unternehmen, welche bereits einige SAP R/3 Module einsetzen, vielfach

---

[42] Vgl. SAP (2002), Corporate Profile Präsentation

[43] Vgl. Computerwelt 25 / KW 26 (2001), SAP orientiert sich neu

über eine größere Anzahl von ABAP oder Java (den beiden Programmiersprachen von SAP) Programmierern, welche allfällige Anpassungen in der e-Procurement Lösung durchführen können. Zu dem Funktionsumfang der SAP SRM e-Procurement Lösung gehört unter anderem:

- Transparente und unternehmensweit zugängliche Einkaufs-Strategie und Strategie-Analyse
- Lieferanten Qualifikation und - Selektions Tools
- Tools für die Unterstützung bei der Verhandlung von Rahmenverträgen
- Self Service Beschaffung
- Katalogmanagement
- Lieferanten Self Service
- Lieferantenbewertung
- etc...

Bei Nichtvorhandensein einer bestehenden SAP Umgebung wird die Software seltener eingesetzt, da diese nicht so offen für andere Software-Hersteller ist, wie die Software anderer e-Procurement Softwareanbieter. SAP e-Procurement Lösungen werden vor allem im Umfeld von bestehenden SAP Umgebungen eingesetzt. Die SAP Lösung kann auf eine sehr solide Basis von Referenzkunden verweisen.

4.2.3.4 Referenzkunden SAP (Supplier Relationship Management)

- Bertelsmann Media Systems
- Chemetall
- Deutsche Bank
- Fiducia
- Flughafen Frankfurt
- Hella
- Lokheed Martin
- MLP
- Pirelli
- Procter & Gamble
- Verbund
- etc…

4.2.3.5 SAP Kontakt Deutschland/Österreich/Schweiz/International

Deutschland/International	SAP Deutschland AG & Co. KG Neurottstraße 15 D-69190 Walldorf Telefon +49 (0)6227 / 7-47474
Österreich	SAP Österreich Lassallestr. 7b A-1021 Wien Telefon.: +43 (1) 288 22-0

Schweiz	SAP Schweiz AG Leugenestrasse 6 2504 Biel, Schweiz Telefon: +41(032) 344 71 11

4.2.4 Oracle (*www.oracle.com*) iProcurement

4.2.4.1 Oracle Backgroundinformationen

Oracle wurde im Jahre 1977 von Larry Ellison und Bob Miner gegründet. Das vorrangige Unternehmensziel war schon damals die Vereinfachung und Verbesserung von Geschäftsprozessen. Oracle hat sich mittlerweile zum zweitgrößten Softwarehersteller der Welt (nach Microsoft) entwickelt und ist Führer bei Informations-Management-Lösungen sowie Datenbanken. Abgesehen vom erfolgreichsten Produkt von Oracle (ihren Datenbanken), engagiert sich das Unternehmen in den Bereichen Entwicklungs- und Analysewerkzeuge, Applikationsserver, betriebswirtschaftliche Software sowie eben e-Business Anwendungen.

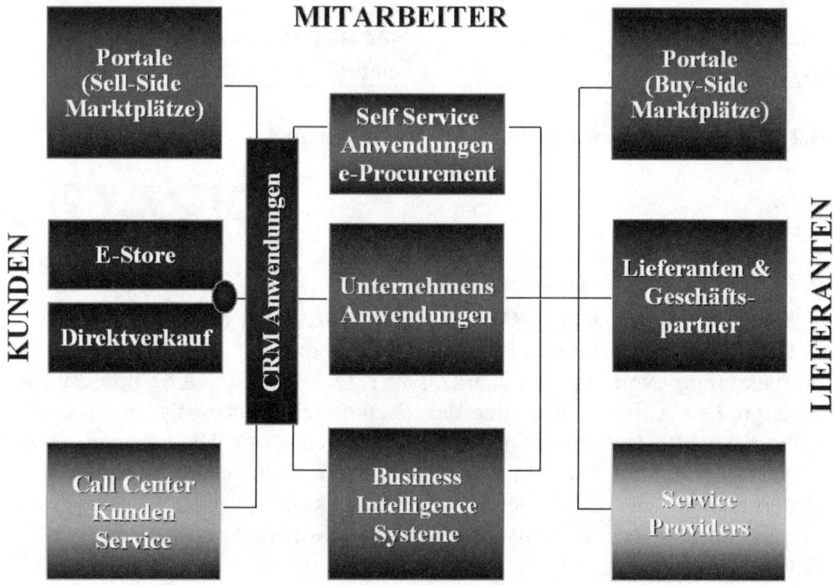

Abbildung 21: Oracle e-Procurement im Gesamtportfolio[44]

Oracle führte Ende der siebziger Jahre die erste Relationale Datenbank[45] ein und hat mit der Einführung der ersten voll Internet-tauglichen Datenbank (Oracle 8i) ebenfalls Akzente gesetzt. Oracle ist in 145 Ländern vertreten und verfügt über 42.000 Beschäftigte. Oracle ist neben SAP einer der wenigen e-Business Anbieter, welche weltweit eigene Repräsentanzen aufweisen können. Abbildung 21 zeigt die Einbettung der Oracle e-Procurement Lösung in dem Gesamtportfolio von Oracle.

4.2.4.2 Oracle Business Modell und Strategie

Oracle hat sich seit 1995 verstärkt dem e-Business Feld und Internet Applikationen zugewandt. Diese Entscheidung war wahrscheinlich vor allem darauf zurückzuführen, dass man sich neben dem Standbein der Datenbanken ein zweites Standbein aufbauen wollte und zudem das Datenbankgeschäft immer härter umkämpft wurde (Microsoft drängte in den Markt und andere Hersteller wie IBM, verbesserten ihre Produkte und erweiterten deren Funktionsumfang). Oracle steht auf einer finanziell sehr starken Basis und ist im Technologiebereich ausgesprochen erfolgreich. Im Oracle Stammgeschäft – dem Datenbankgeschäft – hat Oracle einen Anteil von weltweit 42 Prozent[46]. Jedoch erwirtschaftet Oracle in diesem Bereich mehr als 70 Prozent (Stand 07/2002) seines Umsatzes, wobei

[44] Vgl. Oracle (2001), Oracle e-Business Präsentation

[45] Vgl. Oracle (2001), Firmenportrait

[46] Vgl. Manager-Magazin.de (2001), Stärken und Schwächen

dieses Marktsegment nur noch einem langsamen Wachstum unterzogen ist. Der Rest des Umsatzes kommt aus dem Application Geschäft, welchem auch e-Procurement zugerechnet wird (ebenfalls Stand 07/2002). Das Unternehmen steht unter der alleinigen Führung von Larry Ellison, welcher für seine aggressiven Marketingauftritte bekannt ist. Die vollmundigen Versprechen des Oracle CEO werden jedoch zeitweise nur mit Verspätung erfüllt.

Oracle ist mit seinen ERP-Produkten, aber auch mit seinen e-Business Produkten, in Amerika erfolgreich und einer der führenden Hersteller auf diesem Gebiet. Im deutschsprachigen Raum hat Oracle sehr hart gegen die starke Dominanz und Verbreitung von SAP zu kämpfen. Im Laufe der letzen Jahre ist es Oracle jedoch gelungen, ihre Software besser zu positionieren und mehr auf die Bedürfnisse des deutschsprachigen Raumes auszurichten.

4.2.4.3 Kurzvorstellung– Oracle iProcurement

Oracle iProcurement (Internet Procurement) wurde Anfangs unter dem Namen Self Service Purchasing auf den Markt gebracht. Oracle stellt (wie teilweise die anderen großen Hersteller) Schnittstellen zu weit verbreiteten Standard Applikationen wie SAP, BAAN etc. zur Verfügung. Ein großer Vorteil von Oracle-Produkten ist, dass diese früher als die Systeme mancher Mitbewerber voll auf die Erfordernisse des Internets ausgerichtet wurden. Es ist nicht (wie zum Beispiel bei SAP Systemen – hier übernimmt diese Aufgabe der ITS –**I**nternet **T**ransaction **S**erver) notwendig, Server für die Internet Funktionalität vorzulagern.

Das Produkt ist voll in den Marktplatz von Oracle (Oracle Exchange) integrierbar. Dadurch wird es ermöglicht, einen Punch Out auf Marktplätze durchzuführen, sollte das gewünschte Produkt nicht im firmeninternen Katalog gefunden werden. Für das Produkt selbst wurden verwandte Technologien eingesetzt, wie sie auch bei der Realisierung von Auto-Exchange, dem größten Marktplatz der Automobilindustrie (an dem sich unter anderem Daimler Chrysler, Ford und GM beteiligt haben) zur Anwendung kamen.

4.2.4.4 Oracle iProcurement Referenzkunden

- Barclays
- Belgacom
- Boeing
- Compaq Computer
- DHL
- Harley Davidson
- Lloyds
- Novell
- Reuters
- UPC Telekabel
- UPS
- Xerox

4.2.4.5 Oracle Kontakt Deutschland/Österreich/Schweiz/International

Deutschland	Oracle Deutschland GmbH Riesstrasse 25 80992 München, Deutschland Telefon: +49-89-1430-0
International	Oracle Americas Headquarters 500 Oracle Parkway Redwood Shores, CA 94065, U.S.A. Phone +1 650 506 7000
Österreich	Oracle GmbH Brigittenauer Lände 50-54 A-1203 Wien, Österreich Tel: +43-1-33 777
Schweiz	Oracle Schweiz GmbH Täfernstrasse 4 CH-5405 Baden-Dättwil, Schweiz Telefon: +41-56-483 31 11

5 Integration in vorhandene „Back End“ Systeme

Die EDV Landschaften von Unternehmen stellen heute keineswegs „Grüne Wiesen“ dar. Die Integration in bestehende Systeme (SAP, Datenbanken, Insellösungen etc.) ist wegen dem erforderlichen Datenaustausch mit Financial-, Controlling- und Lagerhaltungs-Modulen daher ein KO Kriterium für e-Procurement Systeme und einer der kritischsten Erfolgsfaktoren für eine erfolgreiche Implementierung. Laut einer Studie des BMÖ (2002)[47] wird für 90 Prozent der e-Procurement Systeme bei deren Konzeptionierung und anschließender Implementierung eine Schnittstelle ins ERP-System vorgesehen. Diese Zahl unterstreicht die Wichtigkeit, alle Aspekte einer erfolgreichen Integration bereits im Vorfeld abzuklären.

5.1 Definition Back End System

Unter Back End Systemen werden alle Systeme wie ERP (Enterprise Ressource Planning) verstanden, welche innerhalb eines Unternehmens verwendet werden, um die innerbetriebliche Effizienz zu erhöhen.

5.1.1 ERP-System

„Als ERP-System bezeichnet man heute ein Informationssystem, das Geschäftsprozesse und Geschäftsregeln sowohl innerhalb der Hauptfunktionsbereiche eines Unternehmens als auch über Bereiche hinweg abbildet und teilweise oder ganz automatisiert.“[48]

Unter ERP-System wird eine Software Architektur verstanden, welche den Informationsfluss zwischen allen Funktionen innerhalb eines Unternehmens wie Produktion, Logistik, Personalwesen, Finanzwesen etc. ermöglicht. Dieses ERP-System wird zumeist über eine Client Server Architektur (siehe Kapitel 5.1.2) innerhalb des ganzen Unternehmens zur Verfügung gestellt. ERP-Systeme sind zumeist Datenbank basierend und konsolidieren alle Unternehmensinformationen, welche durch Interaktion mit anderen Anwendungen zur Verfügung gestellt werden, innerhalb eines einzigen Systems.

5.1.2 Client Server Architektur

„Unter einer Client-Server Architektur versteht man eine kooperative Informationsverarbeitung, bei der Aufgaben zwischen Programmen auf ver-

[47] Vgl. BMÖ/ Donau-Universität Krems (2002), e-Procurement in Österreich

[48] Vgl. Kurbel (1990), Programmentwicklung

bundene Rechner aufgeteilt werden. In einem solchen Verbundsystem arbeiten Rechner unterschiedlicher Art zusammen. Server (Dienstleister) bieten über das Netz Dienstleistungen an, Clients (Kunden) fordern diesen Bedarf an"[49].

Client Server beschreibt eine Beziehung zwischen zumindest zwei Computerprogrammen[50]. Eine Client-Server Beziehung kann zwar auch auf nur einem einzigen Computer verwendet werden (dies ist oft bei e-Procurement System Präsentationen durch DPS-Hersteller der Fall), jedoch kommen diese Systeme fast ausschließlich innerhalb des Unternehmensnetzwerkes zum Einsatz. Innerhalb dessen stellen Client-Server Architekturen eine bequeme Möglichkeit dar, Programme vielen Nutzern zur Verfügung zu stellen.

Umgelegt auf e-Procurement Lösungen sieht das so aus, dass der Client über einen Webbrowser eine Anfrage (Service Requests) an den e-Procurement Server (Web Server) richtet, (zum Beispiel bezüglich der Produktspezifikationen oder der Lieferzeit eines ausgewählten Produktes) und der Server stellt die Informationen in der gewünschten Art und Form zur Verfügung. Diese Informationen kann der Server seinerseits von anderen Applikationen beziehen. Die Rechenleistung erfolgt hier serverseitig, was den Vorteil hat, dass die Clients nur über eine minimale Hardwarekonfiguration verfügen müssen.

Als Standard für die Visualisierung von e-Procurement Informationen für die Endbenutzer (die tatsächlichen Bedarfsanforderer) hat sich längst der Webbrowser durchgesetzt. Webbrowser als Anzeigemedium für e-Procurement Informationen besitzen den Vorteil, für alle Betriebssysteme vorhanden zu sein und sind zudem fast immer auf allen Clients im Unternehmensnetzwerk bereits installiert. Es genügt, einen neuen Bookmark für die e-Procurement Software zu setzen, und alle Mitarbeiter können auf die Anwendung zugreifen. Ein komplizierter und aufwendiger Software Rollout bleibt den Unternehmen erspart.

5.1.3 Legacy System

Oft wird auch von der Anbindung an sogenannte Legacy Systeme gesprochen. Von einem Legacy System (Altlastensystem) spricht man, wenn das betreffende Programm auf einer Plattform läuft, oder in einer Programmiersprache geschrieben wurde, oder auf einer Technologie beruht, welche nicht mehr dem aktuellen Stand entspricht. Viele Unternehmen haben heute mit solchen Legacy Systemen zu „kämpfen". Die Herausforderung liegt darin, die Systeme solange am „Leben" zu erhalten und zu warten, bis die Portierung auf neuere Systeme gelungen ist. Bei der Portierung wird dabei oft auf offene Standards gesetzt, weil diese mehr Möglichkeiten zur Verhinderung des Entstehens von Legacy Systemen bieten.

---

[49] Vgl. Hansen (1996), Wirtschaftsinformatik

[50] Vgl. Sullivan (1999), Client–Server Definition, http://www.whatis.com

Im e-Procurement Umfeld besteht oft die Erfordernis, alte Lagerverwaltungsprogramme und dergleichen zu integrieren. Dies kann entweder durch die Programmierung von Schnittstellen erfolgen oder zum Beispiel durch die Konvertierung des Altdatenbestandes in aktuelle Datenbanken (dies bietet den Vorteil, dass das Altsystem nicht mehr gewartet werden muss).

5.1.4 OLTP

Vielfach wird in Zusammenhang mit Back End- bzw. ERP-Systemen auch von OLTP-Systemen gesprochen. OLTP steht für Online Transaction Processing und steht für eine Klasse von Programmen, welche es ermöglichen, transaktionsorientierte Programme zu managen. Den heutigen Anforderungen entsprechend verwendet die neueste Generation von OLTP Software Client Server Applikationen[51]. Diese werden durch die Verwendung von Brokern unterstützt, welche es ermöglichen, plattformunabhängig Transaktionen durchzuführen.

5.2 Interprozesskommunikation

Unter Interprozesskommunikation wird die Kommunikation über Prozesse von zwei voneinander getrennten EDV Systemen (die Definition spricht hier von unterschiedlichen Adressräumen) verstanden. Prinzipiell können bei der Interprozesskommunikation zumindest zwei Formen unterschieden werden:

- Klassischer elektronischer Datenaustausch
- Prozesskommunikation über RPC (Remote Procedure Call)

5.2.1 Klassischer elektronischer Datenaustausch

Der klassische elektronische Datenaustausch ist die Versendung von Dokumenten (welche früher manuell verschickt wurden) auf elektronische Art zwischen Geschäftspartnern.

Im klassischen elektronischen Datenaustausch dominiert immer noch das EDI (siehe Kapitel 9.11) Format. Anfangs wurden hauptsächlich Informationen wie Lieferscheine und andere nicht bedeutende Dokumente via EDI übertragen, doch hat sich in den letzten 25 Jahren bei EDI viel getan. Es wurden die gesetzlichen Rahmenbedingungen geschaffen, um mittels EDI gesetzeskonform Rechnungen übertragen zu können. Bei EDI müssen sich alle am Geschäftsprozess beteiligten Unternehmen auf einen bestimmten Standard einigen. In deutschen Sprachraum ist dies zumeist der EDIFACT Standard, während in den USA der USA ANSI Standard vorherrschend ist.

---

[51] Vgl. Tech Target (2001), OLTP Definition

Die Konvertierung des hausinternen Datenformats in das standardisierte EDI Format übernimmt ein Konverter. Er interpretiert die Informationen, welche von der Schnittstelle des Back End Systems geliefert werden und erstellt mit Hilfe von Mapping Tabellen basierend auf EDIFACT oder ANSI-Regeln die EDI Nachricht. Diese wird dann über einen EDI Provider zum Geschäftspartner übertragen. Der EDI Provider gibt auch den Zustand der Übermittlung der Nachricht an den Geschäftspartner weiter, welche für die rechtliche Bindung von Vertragsdokumenten erforderlich ist. Nach der Übermittlung einer Rechnung via EDI beginnt die Frist für Zahlungsziel, Skonto und dergleichen zu laufen.

Typische Informationen welche im e-Procurement Bereich ausgetauscht werden:

- Übermittlung der Bestellungen an den Lieferanten
- Lieferterminzusage vom Lieferanten
- Lieferschein
- Rechnung des Lieferanten

Weitere mögliche Kommunikations- und Nachrichtenformen zwischen Lieferanten und dem e-Procurement System eines Unternehmens können der folgenden Abbildung entnommen werden.

Abbildung 22: Mögliche elektronische Nachrichtenformen

5.2.2 RPC (Remote Procedure Call)

Unter einem Remote Procedure Call wird ein Protokoll verstanden, welches ein Programm in die Lage versetzt, eine Funktion eines anderen Programmes aufzurufen, unabhängig von den dahinterliegenden Netzwerkdetails. Der Remote Procedure Call kann mit einem entfernten Prozeduraufruf übersetzt werden. Der RPC arbeitet nach dem Client Server Modell und soll die Implementierung verteilter Anwendungen vereinfachen. Ein entfernter Dienst wird durch den Aufruf einer lokalen Prozedur gestartet. Das diese Prozedur aufrufende Programm kann nicht unterscheiden, ob das aufgerufene Unterprogramm auf einem anderen System abläuft oder ob dieses lokal durchgeführt wird[52].

Der Nachteil dieser Methode liegt in den oft wesentlich höheren Antwortzeiten und in der Möglichkeit eines Fehlers in der Kommunikation zwischen zwei Systemen.

In der Praxis sieht das so aus, dass das Programm auf dem System I eine Prozedur auf dem System II aufruft. Dabei wird der Vorgang auf System I solange abgewartet, bis eine Rückmeldung von System II erfolgt. Erst nach erfolgreicher Ausführung der Prozedur auf System II werden die Daten an System I übertragen und das Programm auf System I kann fortgesetzt werden. Man spricht hier von einem blockierenden (synchronen) RPC Aufruf. Der synchrone RPC ist jedoch weit häufiger als der asynchrone RPC. Alternativ besteht jedoch die Möglichkeit, auch einen nicht blockierenden RPC Aufruf zu starten. In diesem Falle kann das Programm sofort nach dem Transfer der Daten zu dem anderen System mit der Abarbeitung des Programms fortfahren. In diesem Falle spricht man von einem nicht blockierenden (asynchronen) RPC Aufruf.

RPC unterstützen die Transportprotokolle TCP und UDP, können aber auch noch weitere Protokolle unterstützen. Hinter der richtigen Wahl des Transportprotokolls[53] stehen vor allem Performance- und Sicherheitsüberlegungen. Die synchrone Kommunikation über TCP läuft langsamer ab als die paketorientierte UDP Variante. Eine Verschlüsselung der übertragenen Daten ist selbstverständlich möglich.

---

[52] Vgl. Eldemann (1997), Interaktion in verteilten Systemen

[53] Vgl. Linuxfibel (2001), Remote Procedure Call

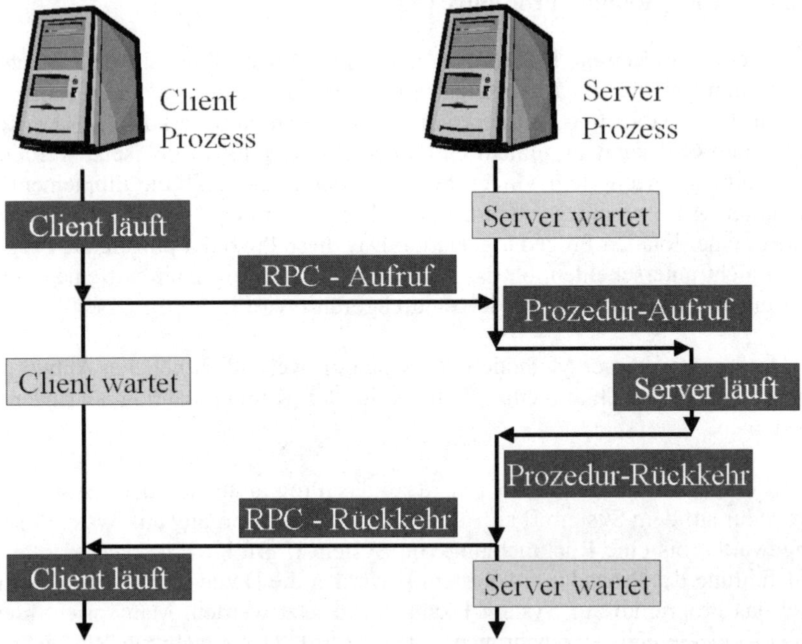

Abbildung 23: Remote Procedure Call Ablauf[54]

Im e-Procurement Umfeld werden RPCs hauptsächlich dazu verwendet, innerhalb der beteiligten Unternehmen die Kommunikation zwischen den einzelnen Applikationen zu übernehmen. Dass der Einsatz außerhalb von Unternehmen mit Problemen verbunden ist, liegt an den syntaktischen Unterschieden der diversen Softwarehersteller. Über die RPCs können die Prozeduren in bestehenden Systemen (ERP-Systemen, etc.) aufgerufen werden und so über APIs (Application Programm Interfaces) auf andere Datenbestände zugreifen.

In der Praxis werden über RPCs zwischen dem e-Procurement System und dem Lieferanten Informationen ausgetauscht, welche stets aktuell und sehr schnell zur Verfügung gestellt werden müssen.

5.2.2.1 Mögliche Abfragen auf Lieferantenseite über RPCs

- Lagerstand eines Produktes
- Möglicher Liefertermin eines gewissen Produktes
- Aktueller Preis des Produktes
- Konfigurierbarkeit und Kombinierbarkeit mit anderen Produkten
- etc...

[54] Vgl. Linuxfibel (2001), Remote Procedure Call

5.2.2.2 Mögliche Abfragen innerhalb des Unternehmens über RPCs

- Mitarbeiternummer (diese Informationen werden oft über LDAP Server zur Verfügung gestellt)
- Kostenstellen
- Budgetprüfung auch in Verbindung mit Purchasing Cards (siehe Kapitel 12.1)
- etc...

Durch die breite Akzeptanz von XML als Standard zur Kommunikation (siehe Kapitel 9.10) wird heute immer mehr auf diesen Standard gesetzt, um Echtzeit-Abfragen in unternehmensfremden Netzwerken (Lagerstandsabfragen, aktuelle Produktbeschreibungen, Preise etc.) durchzuführen. Die Bedeutung von XML in diesem Umfeld wird in den nächsten Jahren sicherlich noch enorm zunehmen.

5.3 Integrationsbedarf in ERP-Module

Um über aktuelle Informationen zu verfügen, müssen e-Procurement Systeme mit vorhandenen ERP-Modulen integriert werden. Wichtige Informationen sollten in Echtzeit abgefragt werden können. Abbildung 24 zeigt mögliche Integrationspunkte zwischen e-Procurement Systemen und ERP-Modulen.

	Human Ressources	Materialwirtschaft	Finanzen / Controlling
Sourcing	Mitarbeiterdaten Benutzerprofile Zugriffsrechte Vorgesetzte Urlaubsregeln	Materialstammsatz Lieferantendaten Lagerbestand	Kostenstelle Kostenart Anlagekonto Kost-Budget
Bestellung	Mitarbeiterdaten Adressdaten Budgets	Lagerreservierung BANF Bestellung Steuersatz Lieferantenstamm Materialstamm Bestellbestätigung	Bestellung Kostenstelle Produktbewertung Bewertungsklasse Kost - Budget
Lieferung	Empfangsrechte Empfängeradresse	Materialeingang Lieferschein Lagerbestand	
Prüfung			Sach- & Anlagekonto Zahlungsbudget Rechnungen Überweisung P-Card Budget
Prozess	Benutzerprofil Zugriffsrechte	Lieferverspätung Tracking Report	

Abbildung 24: Integrationspunkte zu ERP Modulen

5.4 Systemadministration Desktop Purchasing Systeme

5.4.1 Allgemeine Informationen

DPS benötigen, um mit möglichst wenig Userinteraktion auskommen zu können, möglichst viele Informationen aus den Back End Systemen zur Verfügung gestellt (siehe Kapitel 5.1). Diese Informationen können aus verschiedenen Systemen bezogen werden. Mitarbeiterdaten wie:

- Name
- Kostenstelle
- Vorgesetzter
- Einkaufsrahmen
- etc.

Die Daten können von dem Back End System an das Desktop Purchasing System übergeben werden durch:

- Patch Prozesse, welche in regelmäßigen Intervallen aufgerufen werden – es sollte aber in jedem Fall die Möglichkeit bestehen, diese Prozesse auch manuell anzuwerfen
- Echtzeit Zugriff auf die Daten („Real Time“)

5.4.2 Human Ressource Programme als Datenquelle

Diese Daten stammen normalerweise aus dem Human Ressource Programm oder aus dem Directory Service des jeweiligen Unternehmens. Wenn mit einfachen Mitteln Schnittstellen zu den bestehenden HR Programmen hergestellt werden können, so wird zumeist dieser Ansatz gewählt.

In SAP Umgebungen kann das SAP e-Procurement Modul zum Beispiel die Informationen aus der bestehenden R/3 Umgebung auslesen und diese ohne Schnittstellenanpassung verarbeiten. Alle im Laufe dieser Arbeit vorgestellten DPS verfügen über standardisierte Schnittstellen zu den bedeutendsten Back End Systemen wie zum Beispiel BAAN, Oracle oder SAP. Oft verfügen aber Unternehmen über keine auseichend genauen HR Programme, aus welchen jene Daten bezogen werden könnten. Als Alternative besteht die Möglichkeit, diese Informationen aus den jeweiligen Directory Services eines Unternehmens zu beziehen.

5.4.3 Directory Services als Datenquelle

Unter Directory Services werden jene Systeme verstanden, welche alle userbezogenen Daten speichern und auch für die Authentifizierung gegenüber den Servern im Netzwerk verantwortlich sind. Beispiele für weit verbreitete Directory Services sind Microsoft Active Directory oder Novells NDS – und selbstverständlich viele Vertreter aus dem Open Source Lager. Ein Grossteil dieser Systeme ist LDAP basierend.

5.4.3.1 LDAP

LDAP steht für Lightweight Directory Access Protocol und ist ein Internet Standard für Verzeichnissuchoperationen. LDAP basierende Dienste werden heute in vielen Unternehmen dazu eingesetzt, um Informationen über die Nutzer von Computersystemen, wie deren Berechtigungen, Telefonnummern, e-Mail Adressen und dergleichen zu speichern. 1995 wurde LDAP von Yeong, Howes und Kille an der Universität von Michigan spezifiziert[55].

LDAP hilft Unternehmen, Information strukturiert zur Verfügung zu stellen. Aber auch Login Vorgänge können über LDAP abgewickelt werden. Bei Desktop Purchasing Systemen kann auf diese Weise die Autorisierung des Mitarbeiters erfolgen (Single Sign On). Ein neuerliches Login innerhalb der e-Procurement

---

[55] Vgl. Wächtler (1998), LDAP - Überblick über das Chaos

Lösung entfällt. Die Mitarbeiterinformationen sind ohnehin im Directory Service des Unternehmens hinterlegt und können von dort geladen werden.

LDAP wird von vielen Unternehmen in deren Directory Services eingesetzt. Beispiele für LDAP basierende Directory Services sind Novells (*www.novell.com*) NDS oder Microsofts (*www.mircosoft.com*) Active Directory. Innerhalb dieser Directory Services werden Mitarbeiterinformationen gespeichert. Die Berechtigungen des Mitarbeiters innerhalb des Unternehmensnetzwerkes aber auch Informationen betreffend Kostenstelle oder des Aufenthaltsortes können hinterlegt werden. Gerade diese Informationen sind für e-Procurement Systeme von entscheidender Bedeutung (einem Lieferanten kann auf diese Weise gleich der exakte Aufenthaltsort des Mitarbeiters für die dezentrale Lieferung der Ware übergeben werden). Wichtig für die interne Verrechnung ist ebenfalls die Kostenstelle des Mitarbeiters sowie für den Workflow innerhalb des DPS der zuständige Vorgesetzte, welcher eine eventuelle Freigabe der Bestellanforderung gewähren kann. Es können aber auch Bilder, Audiodateien sowie andere Informationen LDAP basierend übergeben werden. Der LDAP Standard wird ständig erweitert.

Häufig genutzte LDAP Attribute sind unter anderem[56]:

- Common Name (CN)
- Cost Center
- Country (C)
- Locality Name (L)
- Organization Name (O)
- Organizational Unit Name (OU)
- State or Province Name (S)
- Street Address (SA)
- etc.

Da die Informationen über die Nutzer eines EDV Systems zumeist die aktuellsten mitarbeiterbezogenen Informationen eines Unternehmens darstellen, sind viele Unternehmen dazu übergegangen, Informationen betreffend den Userrechten sowie bezüglich der Kostenstellen und dergleichen nicht aus dem HR (Human Ressource) System zu entnehmen, sondern diese aus dem Directory Service auszulesen. Ein weiterer Vorteil ist, dass die Informationen im Directory Service zumeist leicht via XML an das e-Procurement System weitergegeben werden können, da XML Standardschnittstellen in den Applikationen enthalten sind. Informationen zu dem Thema der Integration von Kataloginformationen in Desktop Purchasing Systeme siehe Kapitel 7.

---

[56] Vgl. Wächtler (1998), LDAP - Überblick über das Chaos

5.5 Geschäftsregeln

Unter Geschäftsregeln wird im e-Procurement Umfeld verstanden, welcher Mitarbeiter sich bis zu welchem Freibetrag Waren bestellen kann, ohne eine Genehmigung von einem zuständigen Vorgesetzten einholen zu müssen. Die Geschäftsregeln und Workflows sollten leicht über eine graphische Benutzeroberfläche administrierbar und anpassbar sein. Die Informationen kommen ebenfalls aus den angelagerten Back End Systemen und werden auch an diese zurückgespielt. Die Geschäftsregeln sollten ebenfalls auf der e-Procurement Intranet Homepage abrufbar und einfach gestaltet (Maximalumfang 2 Seiten – graphisch aufbereitet) sein – eine 20seitige Organisationsrichtlinie für Beschaffungsaktivitäten ist hier mit Sicherheit nicht zielführend.

5.6 Genehmigungsworkflows

Der Genehmigungsprozess sollte in jedem Fall über unterschiedliche Möglichkeiten der Information verfügen. Zusätzliche Informationen zur Genehmigungshierarchie können auch dem Kapitel 2.10.2 entnommen werden. Die Informationen (über zu genehmigende Anfragen von Mitarbeitern etc.) können über:

- Portale
- e-Mail
- SMS,
- MMS
- etc. zur Verfügung gestellt werden

An Genehmigungsregeln kann man sich an Hand von vorprogrammierten Templates das Passende für das betreffende Unternehmen aussuchen. Zusätzliche, komplexere Workflows können natürlich jederzeit nachprogrammiert werden - von zu komplizierten Workflows rate ich jedoch ab.

5.6.1 Standard Genehmigungsworkflows

- Mitarbeiter/Vorgesetzten Genehmigung (Employee/Supervisor)
- Parallele Genehmigung („Vier Augen Prinzip“ siehe Kapitel 2.10.2)
- Sequentielle Genehmigung
- Produktgruppenbezogene Entscheider (für gefährliche Produkte kann ein Spezialist für die Weiterleitung / Autorisation nötig ein)
- Informationsbenachrichtigungen (bei erfolgter Autorisierung einer Notebook-Bestellung eines Mitarbeiters wird automatisch die EDV Abteilung informiert, um informiert zu werden, wann das Notebook ankommen wird und um die Ressourcen für das Setup der Software bereitstellen zu können, etc.

6 Content Management (Katalogverwaltung)

6.1 Einleitung

Nun möchte ich auf das Herz einer jeden e-Procurement Lösung eingehen – die Katalogengine bzw. die zur Verfügung gestellten Informationen (Lieferantenkataloge). Der Aufwand, welcher für die Pflege und Wartung eines Lieferantenkataloges notwendig ist, wird von den meisten Unternehmen und Einkaufsabteilungen stark unterschätzt. Diese arbeits- und zeitintensive Tätigkeit bzw. die mögliche Alternativen, möchte ich in der folgenden Arbeit näher beleuchten.

Viele Unternehmen haben begonnen - oder sind gerade dabei -, sich nach neuen Möglichkeiten für die Pflege und Wartung von Lieferantenkatalogen umzusehen, da sie zu realisieren beginnen, dass ein hochentwickelter Lieferantenkatalog nicht eine der Kernkompetenzen eines Unternehmens darstellen sollte. Daher möchte ich ebenso auf die Komplikationen, welche sich durch die eigene Verwaltung von Lieferantenkatalogen durch Unternehmen, die auf diese Tätigkeit nicht spezialisiert sind, näher eingehen.

6.2 Kostenfaktoren bei Katalog Management

e-Procurement Lösungen werden vor allem aus drei Gründen installiert. Diese sind neben der internen Prozessoptimierung und der automatischen Durchführung von Transaktionen vor allem der automatische Lieferantenkatalog. Von diesen drei Hauptaspekten hat sich das Katalog Management als das diffizilste und schwierigste Unterfangen herausgestellt. Katalog Management ist daher auch einer der wesentlichen Faktoren, welcher das Ausmaß an Einsparungseffekten erheblich beeinflusst. Für ein ausgezeichnetes Katalog Management, welches erfolgreiche von eben nicht so erfolgreichen e-Procurement Lösungen unterscheidet, ist hauptsächlich der Inhalt => Content verantwortlich.

Content kann im weitesten Sinn dahingehend deskriptiv beschrieben werden, dass Content all dies ist, was als Lieferantenkatalog Informationen den Mitarbeitern eines Unternehmens durch eine e-Procurement Lösung zur Verfügung gestellt wird. Content wird nicht nur bei der Implementierung für ein Unternehmen einmal von den Lieferanten zur Verfügung gestellt, sondern muss ständig gewartet, upgedatet und neu (besser) aufbereitet werden. Es ist erforderlich, dass ein Mitarbeiter den entsprechenden Artikel im e-Procurement System nicht nur finden kann, sondern dass er auch eine genaue Beschreibung des

Artikels und weitere erforderliche Zusatzinformationen erhält und auch darüber informiert wird, ob der gewünschte Artikel bei dem Lieferanten lagernd ist, sowie Verfügbarkeitsdatum und Preis angegeben werden. All diese Informationen müssen automatisch in eine Bestellanforderung übergeleitet werden. Die Bestellung sollte – ebenso wie die Bezahlung – extrem vereinfacht werden. Die Modelle von Content Management Systemen können entweder Lieferanten oder Käufer orientiert aufgebaut sein.

Bei Lieferanten orientierten Content Modellen können zwei Einflussfaktoren den Erfolg solcher Lösungen schmälern. Zum ersten müssen auf Käuferseite bei der e-Procurement Lösung oft mehrere hundert Lieferanten integriert werden, zweitens könnte jeder Lieferant über unterschiedliche Suchschemata und Bestellungsformalitäten sowie Abwicklungsmodalitäten verfügen. Bei Käufer orientierten Content Modellen ist eine exakte Duplizierung der Lieferantenkatalogsinformationen in den firmeninternen Katalog erforderlich. Aus den bereits oben näher bezeichneten Gründen erfordert dies einen enormen Aufwand auf Grund von Standardisierungs- und Validierungsarbeiten. Weiters bedürfen diese Systeme eines hohen Levels der Systempflege.

Welches der beiden angeführten Modelle in der Praxis ausgewählt wird, wird schlussendlich sehr stark von der Marktmacht der Einkaufsorganisation abhängen. Wenn ein großes Unternehmen wie Siemens eine e-Procurement Lösung einführt, wird es mit Sicherheit durch die Macht, welche es auf Grund ihres großen Einkaufsrahmens hat, die Lieferanten dazu bringen können, den Content in der von ihnen gewünschten Form bereitzustellen. Kleinere Unternehmen haben nicht diese Möglichkeiten und müssen daher nach Lieferanten Ausschau halten, welche ihnen die Möglichkeiten bieten, in einer standardisierten Form auf die Kataloge zugreifen zu können.

Bei den ersten Implementierungen von e-Procurement Lösungen gingen Unternehmen oft fälschlicher Weise davon aus, dass es für ihre Lieferanten kein Problem darstellen würde, Content in der notwendigen Art und Weise sowie in der gewünschten Qualität bereitzustellen.

6.2.1 Content - Verwaltung ist komplex und kostenintensiv

Kataloginhalt in aggregierter Form für ein Unternehmen zur Verfügung zu stellen ist viel kostenintensiver und aufwendiger als viele Unternehmen glauben. Die Gründe[57] hierfür sind

- selbst wenn ein Unternehmen den Content in elektronischer Form zur Verfügung stellen kann, ist dieser oft nicht sehr gut aufbereitet und nicht speziell für den Einsatz in e-Procurement Systemen ausgelegt
- häufige Änderungen von Informationen

[57] Vgl. TPN Register (2000), The Secret to speeding your internet Procurement ROI

- es gibt eine große Anzahl von Standards und nicht alle Lieferanten unterstützen alle Standards oder eben genau jene, welche benötigt werden
- Die Klassifizierung des Contents ist oft nicht hinreichend (siehe Kapitel 6.3.1) durchgeführt oder in der notwendigen Tiefe vorhanden. Viele Lieferanten können zwar zum Beispiel *eCl@ss* Kataloginformation zur Verfügung stellen, aber oft nur für die Haupthierarchien ohne eine entsprechend tiefe Gliederung.

6.2.2 Content - Total Cost of Ownership

Um die wirklichen Kosten einer e-Procurement Lösung tatsächlich berechnen zu können, müssen auf jeden Fall die Kosten für das Content Management mit einberechnet werden. Es sind aber nicht nur die Kosten, welche für die Implementierung und Standardanpassung der Schnittstellen zu den Lieferantenkatalogen und diversen Converting Tabellen einzuberechnen, sondern auch der Aufwand, welcher für das ständige Neu-Einspielen von Kataloginformationen und Aktualisieren von Datenbeständen aufgebracht werden muss. Katalogupdates sind ein niemals endendes Erfordernis, solange implementierte e-Procurement Lösungen online sind. Die Kosten für die Pflege des Contents steigen proportional mit der Anzahl der Lieferanten bzw. mit der Anzahl der Updates, welche diese an das betreffende Unternehmen übermitteln.

6.2.3 Charakteristika eines hochqualitativen Contents

Wenn es darum geht, Content von einer großen Anzahl von Lieferanten und diversen Anbietern auf einer gemeinsamen Plattform zu vereinigen, so ist dies stets mit einem sehr hohen Zeitaufwand, mit einem hohen Anforderungsprofil und einer guten Beziehungsbasis zu den angeschlossenen Lieferanten und Unternehmen und den zuständigen handelnden Personen verbunden.

Eine der wesentlichen Aufgaben eines elektronischen Kataloges ist es, dass die Mitarbeiter eines Unternehmens diejenigen Waren, welche sie beziehen dürfen, schnell auffinden können. Daher muss mittels Attributen genau festgelegt sein, welche Rechte der jeweilige User hat und welche Arten von Gütern er beziehen darf. Es muss eine ausgereifte Suchfunktion zur Verfügung gestellt werden, um sicher zu gehen, dass die gewünschten Artikel schnell aufgefunden werden können. Die Suche sollte auch über Synonyme möglich sein. Tippfehler müssen automatisch einbezogen werden und eine Fuzzy Logik sollte verfügbar sein.

Ebenso muss ein Mitarbeiter nach allen möglichen Kriterien suchen können (und nicht nur nach Name etc.). Dies sind unter anderem Materialnummer, Größe, Abbildungen etc. Neueste Systeme erlauben auch, aus Explosionszeichnungen heraus einen einzelnen Artikel zu bestellen. Dieserart gestaltete Applikationen sind extrem einfach zu bedienen und ermöglichen eine enorme Zeitersparnis.

Um zu gewährleisten, dass die Mitarbeiter ihren Bedarf möglichst schnell decken können, sollten die Mitarbeiter jeweils immer nur jene Artikel sehen können, welche sie auch tatsächlich selbst ordern können. Es wird für Mitarbeiter je nach ihrer Position im Unternehmen zum Beispiel unterschiedliche Handymodelle zur Auswahl geben. Von einfachen Mobiltelefonen über Mobiltelefone mit integriertem Bluetooth bis hin zu aufwendigen (und auch entsprechend teuren) PDAs mit integriertem Movie Player und GPS Funktionen.

Es sollte gleich zu Beginn einer e-Procurement Implementierung darauf geachtet werden, dass der angebotene Content eine sehr hohe Qualität aufweist und in etwa dem Umfang entspricht, welchen der Content auch in Zukunft haben soll. Viele Unternehmen begehen den Fehler, die e-Procurement Lösungen online zu stellen, ohne für entsprechenden Content zu sorgen. Dies bewirkt eine schlechte Akzeptanz am Anfang, welche zu einer nachhaltigen Ablehnung des Systems durch Mitarbeiter führen kann[58]. Falls der gebotene Content von minderer Qualität ist, kann es sogar passieren, dass das Maverick Buying verstärkt wird, was sicher nicht im Sinne der „Erfinder" ist. Generell gesehen kann man davon ausgehen, dass die Katalogeinbindung immer langsamer vonstatten geht, als dies im vorhinein geplant wird, da „viele" unvorhergesehene Probleme auftauchen.

Einer der Gründe für diesen Umstand ist die Tatsache, dass die meisten Lieferanten einfach nur versuchen, ihre internen Katalogdaten zu exportieren, ohne diese vorher an die Bedürfnisse der Kunden anzupassen. Dies führt zu kryptischen Produktbezeichnungen und zu verstümmelten, lieferantenspezifischen Abkürzungen und Fachtermini.

6.2.4 Kostenfaktoren bei Lieferantenkatalogen

Viele große Unternehmen gehen davon aus, dass ihnen der Content von ihren Lieferanten in elektronischer Form kostenlos zur Verfügung gestellt wird. Zumeist wird der erhöhte Aufwand für Konvertierungen an die Unternehmen weitergegeben. Für jene Lieferanten, welche ihren Content nicht in elektronischer Art und Weise zur Verfügung stellen können, gibt es Unternehmen, welche sich darauf spezialisiert haben, dies für Lieferanten und Unternehmen zu erledigen. Beispiele für solche Unternehmen sind Harbinger, Telekom Austria oder TPN Register. Unternehmen, welche in diesem Umfeld arbeiten, bieten neben dem Sammeln von Content Informationen auch die Möglichkeiten der technischen Unterstützung bei der Kreierung, Kategorisierung und Einspielung von elektronischen Katalogen an.

[58] Vgl Pool (1999), Content Management – The Critical Success Factor for e-Procurement

6.3 Katalogmanagement / Katalogstandards

Ein weiteres Problem stellt derzeit (vor allem im europäischen Raum) das Vorhandensein von mehreren parallel bestehenden Katalogstandards dar. Es haben sich im amerikanischen Raum und im deutschen Raum bereits einige Standards für den Aufbau von Katalogen, welche bei elektronischen Katalogen verwendet werden, etabliert.

Auf die wichtigsten Standards in Bezug auf die

- Artikelstruktur von Katalogen und auch auf die
- Datenstrukturstandards von Katalogen

möchte ich nun näher eingehen.

Die Entscheidung für einen Standard fällt zumeist nicht leicht und wird in Abhängigkeit von den am e-Procurement Prozess beteiligten Partnerunternehmen getroffen. Große Unternehmen haben meist den Vorteil, von den Lieferanten die Unterstützung ihres Standards verlangen zu können, da sie sich in der besseren Ausgangsposition befinden. Lieferanten müssen oft mehrere Standards parallel unterstützen können, da unterschiedliche Kunden unterschiedliche Standards favorisieren. Am schwierigsten haben es immer die Betreiber von Marktplätzen, da diese sämtliche am Markt gängigen Standards unterstützen müssen.

Die Artikel-Strukturen sind für die Inhalte von Bedeutung, für die Software-technische Verarbeitung jedoch nachrangig. Dies bedeutet, dass diese verwendet werden können, aber nicht unbedingt notwendig für den Aufbau eines Kataloges sind. Ich empfehle jedoch mit Nachdruck, sich für einen der beschriebenen Standards zu entschließen. Im deutschen Sprachraum hat sich der *eC@lss* Standard gegenüber dem UN/SPSC Standard weitgehend durchgesetzt. Unternehmen, welche das Zentrum ihres Handelsinteresses in den USA haben, setzen jedoch in erster Linie auf den UN/SPSC Standard.

6.3.1 Katalogstandards

EAN	Europäische Artikel Nummer
eCl@ss	Der deutsche Standard zur Klassifizierung von Warengruppen und Artikeln
UPC	Universal Product Codes (ist in der Bedeutung rückläufig)
UN/SPSC	Der internationale Standard zur Klassifizierung von Warengruppen und Artikeln

6.3.1.1 EAN

Die Europäische Artikelnummer ist für die Kategorisierung von Katalogen nicht relevant, da sie ausschließlich auf den Erzeuger und dessen Produkte abzielt.

Sie kann aber eine hilfreiche Zusatzidentifikation für die einzelnen Produkte im Katalog sein. Der Vollständigkeit halber sei sie dennoch hier erwähnt, da viele Unternehmen nach der Möglichkeit der Kategorisierung auf Basis der EAN Nummer fragen.

6.3.1.2 eCl@ss *(www.eclass.de)*

eCl@ss ist ähnlich wie UN/SPSC ein Standard zur Klassifizierung von Materialien, Warengruppen und Dienstleistungen. Der Aufbau des *eCl@ss* Standards ist gekennzeichnet durch eine hierarchische Datenstruktur, welche in die folgenden Ebenen unterteilt werden kann:

- Sachgebiete
- Hauptgruppen
- Gruppen
- Untergruppen.

Diese Klassifikation soll den Endanwender mit Hilfe von Attributen, Merkmalen, Schlagworten und Synonymen unterstützen[59]. Dies soll eine Suche und das Finden von Produkten innerhalb von elektronischen Katalogen erleichtern. *eCl@ss* möchte eine Struktur zum Datenaustausch in Bezug auf Artikel global vernetzter Unternehmen schaffen. Durch den Einsatz des *eCl@ss* Standards ist es ebenfalls möglich, Produkte verschiedener Lieferanten besser miteinander vergleichen zu können.

Der *eCl@ss* Standard ist derzeit (Stand 06/2002) in der Version 4.1 verfügbar[60]. Zu den Unternehmen, welche den *eCl@ss* Standard unterstützen, gehören unter anderen: Audi, Bayer, BMW, CaContent, E-ON, Henkel, Merck, Poet, Portum, SAP etc. Ich halte den *eCl@ss* Standard für den wichtigsten Klassifizierungsstandard für elektronischen Kataloge im deutschen Sprachraum.

6.3.1.3 UN/SPSC

UN/SPSC steht für United Nations Standard Product and Services Code. Das UN/SPSC Schema folgt einem hierarchischen Aufbau. Bedarfsartikel sind nur einzelne Untergruppen von Produktfamilien. Diese hierarchische Organisation des Kataloges ermöglicht genaue Produkt-Spezifikationen, welche optimal zu der jeweiligen Produktgruppe passen. Das hierarchische Konzept steht im Gegensatz zu aktuellen Produktartikelnummernsystemen wie dem EAN Code. Der EAN-Code lässt auf Grund der Artikelnummer keinerlei Rückschlüsse auf die Art des Produktes zu.

Der UN/SPSC Code wurde von Dun & Bradstreet in Kooperation mit den United Nations (welche ursprünglich an einem eigenen Standard dem UNCCS [United Nations Common Procurement Code] arbeiteten) entwickelt und ständig

---

[59] Vgl eCl@ss (2000), eCl@ss Whitepaper
[60] Vgl. eCl@ss (2002), eC@lss Release 4.1 Informationen

erweitert. Der Code ist frei zugänglich und hat sich mittlerweile im amerikanischen Raum zu einem weit verbreiteten Standard entwickelt. Er bietet ein Rahmenwerk für die Klassifizierung von Gütern und Dienstleistungen. Der UN/SPSC Code wurde entwickelt um drei Hauptaufgaben zu erfüllen.

- Entdeckung von geeigneten Lieferanten, welche ein Unternehmen mit den gewünschten Produkten versorgen kann
- Kostenaufwand Analyse, welche detaillierte Aufstellungen über die Verwendung der finanziellen Mitteln ermöglichen
- Produkt Bewusstsein durch die Integration eigener Produkte in Standardklassifizierungen, hilft Unternehmen oft bei der Bezeichnung Ihrer eigenen Produkte

Als Beispiel möchte ich Nachfüllpatronen für Kugelschreiber anführen. Diese Nachfüllpatronen sind Teil einer größeren Klasse von Produkten „Nachfüllprodukte", welche Ihrerseits wieder Teil der Büroartikel Familie ist. Jeder Bereich der Hierarchie hat eine eigene einzigartige Nummer.

Hierarchie	***Kategorie Nummer und Name***							
Segment	44	Büroartikel Ausstattung						
Familie			10	Büromaschinen				
			11	Schreibtischzubehör				
			12	Bürozubehör				
					15	Briefkuverts		
					16	Office Zubehör		
					17	Schreibmaterial		
					18	Ausbesserungsmaterial		
Klasse					19	Tinte und andere Nachfüllungen		
Produktgruppe							1	Tinte
							2	Lead Patronen
							3	Kugelschreiber Patronen

Abbildung 25: UNS/SPSC-Hierarchie, Kategorie und Name[61]

Es können aber sowohl von Lieferanten als auch von Unternehmen mit einem eigenen Katalogsystem auch mehrere Standards parallel unterstützt werden. Es ist möglich, für jedes Produkt mehrere Codes zu generieren. Einen zum Beispiel nach dem UN/SPSC Standard und einen nach BMECat. Genauso kann natürlich noch die EAN Nummer hinzugefügt werden.

Gerade für Marktplätze im Internet stellt die Erfüllung von möglichst vielen Standards oft einen schwierigen und extrem aufwändigen Umstand dar, da Lieferantenkataloge mit unterschiedlichsten Klassifizierungen auf einen „einheitlichen Nenner" gebracht werden müssen.

---

[61] Vgl. UN/SPSC (2002), UN/SPSC White Paper

Unterschiedliche Codes für eine Batterie	
EAN/UCC	* Produktidentifizierungscode
0-39800-08252-7	* Keine Klassifizierung
Type	* Identifiziert Produkte nach dem Erzeuger
Erzeuger	* Keine Gegenstands Hierarchie
Gegenstand	
Check	
UN/SPSC	
26-11-17-09	* Identifiziert Produkt und Service nach Kategorie
Segment	* Hohe Spezifität
Familie	* Multiple Hierarchien
Klasse	* Hervorragend für Einkaufsanalyse
Commodity	
Proprietäre Standards	
112-003-121	* Nur nützlich für ein bestimmtes Unternehmen
Division	* Begrenzte Hierarchie
Department	* Schwer andere Business Partner von der
Kostengruppe	Verwendung des Codes zu überzeugen
Gegenstand	

Abbildung 26: Unterschiedliche Codes für Klassifizierungen

6.3.1.4 UPC

Der UPC Standard ist in der Bedeutung bereits rückläufig und wird wahrscheinlich durch den UN/SPSC Standard komplett verdrängt werden. Daher möchte ich an dieser Stelle nicht mehr näher auf diesen Katalogstandard eingehen.

6.3.2 Datenstrukturstandards

Abgesehen von der einheitlichen Klassifizierung der Artikel ist für deren elektronische Verarbeitung auch eine einheitliche Sprache bzw. Format der Daten nötig. Dies ist unabhängig davon, mit welchem Medium diese Katalogdaten ausgetauscht werden. Bei umfangreichen Katalogen werden diese zumeist quartalsweise auf CD-Rom oder auf DVD von den Lieferanten zur Verfügung gestellt.

BMECat	Der Bundesverband für Materialwirtschaft, Einkauf und Logistik e.V. in Deutschland (BME) hat in Zusammenarbeit mit verschiedenen Unternehmen ein Standard-XML Format zum Datenaustausch von Katalogdaten zwischen Unternehmen definiert.
XML	**E**xtensible **M**arkup **L**anguage

XML-Derivate	cXML (commerce XML) ist ein proprietäres XML-Format eines anderen B2B-Softwareherstellers, WML für Mobiltelefon-Texte, etc. Eine Normierung wird durch das W3-Consortium durchgeführt und steht für diese und wird durch das Konsortium auch konsequent weiterentwickelt..

6.3.2.1 BMEcat®

Die Spezifikationen von BMEcat® wurden von der Universität Essen und dem Frauenhofer Institut erstellt und in Kooperation mit einer großen Anzahl von führenden Industrieunternehmen im deutschen Sprachraum veröffentlicht. Zu diesem Unternehmerkreis gehören klingende Namen wie Bayer, BMW, DaimlerChrysler, Deutsche Bahn, Deutsche Telekom, Mannesmann, Höchst, Oracle, Philips, Siemens, SAP, Visa sowie weitere große Unternehmen und Universitäten.

Die BMECat Spezifikationen sowie alle DTDs und Informationen zu weiteren Ansprechpartnern und zusätzliche Informationen stehen unter *www.bmecat.de* zum kostenlosen download zur Verfügung.

Das BMEcat® Format standardisiert und vereinfacht den Austausch von Produktdatenkatalogen zwischen Lieferanten und beschaffenden Organisationen. Die Lieferanten stellen ihre Kataloge dem Modell entsprechend zusammen, welches die Einbindung von allerlei Informationen wie Bildern, Graphiken, Dokumenten usw. ermöglicht. Dabei sind nicht nur eine Aktualisierung von Produktinformationen, sondern auch ein separates Preisupdate möglich. Diese Katalogdaten werden dann in ein e-Procurement System eingespielt. Es wird aber empfohlen, das Format bei der Erstellung von Produktkatalogen auch nur für Webshopping Lösungen zu verwenden. Die Informationen werden in XML kodiert. Weiterführende Informationen zu XML siehe in dem entsprechenden Abschnitt weiter unten. Die XML zugehörigen DTDs (Document Type Definitions) können unter *www.bmecat.org* downgeloaded bzw. eingesehen werden. Die derzeitige Spezifikation des BMECat liegt in Version 1.2 (bzw. 2.0 - Stand 07/2002/) vor. Zu den Neuerungen[62] der Version 1.2 (Stand 08/2001) gehörten unter anderem:

- Unterstützung von Produktvarianten
- Unterstützung von Klassifikationsstandards (z.B.: eCl@ss, UN/SPSC, etc.)
- Unterstützung von Merkmalssystemen (z.B.: eCl@ss, ETIM, etc.).

---

[62] Vgl. BMECat (2001), Neue Version des E-Business Standards BMECat

- In der Version 2.0 (Stand 07/2002) werden unter anderem folgende Punkte adressiert[63]:
- Erweiterung des Produktmodells um konfigurierbare Produkte und PunchOuts
- Erweiterung des Preismodells (zum Beispiel Rabattsysteme, dynamische Preiskomponenten)
- Logistische Informationen (zum Beispiel Verpackungen, Pfand- und Leihsysteme, Logistikmaße, Transportinformationen)
- Beschreibung von produktbezogenen Dienstleistungen

Es sind Software-Werkzeuge unterschiedlicher Software Hersteller verfügbar, welche aus existierenden Datenbeständen BMEcat® konforme Kataloge erzeugen sowie diese so erzeugten Katalogdaten auf BMEcat®-Kompatibilität überprüfen. Der BMEcat® Standard ist inzwischen weit verbreitet und ist meines Erachtens nach der wichtigste Standard im deutschen Sprachraum für das Format von elektronischen Katalogen.

6.3.2.2 XML

Nähere Informationen zu XML entnehmen Sie bitte der ausführlichen Ausarbeitung in Kapitel 9.10.

6.3.2.3 XML-Derivate

Unter XML Derivaten werden Sonderformen des XML Standards verstanden. Als Beispiel für ein solches Derivat möchte ich hier cXML anführen. Es werden in Zukunft sicher noch weitere XML Derivate auftauchen, aber ich möchte mich hier auf die Bedeutung von Standards im e-Procurement Umfeld beschränken. cXML ist eines der verbreitetsten XML Derivate und hat im e-Procurement Bereich bereits einige Bedeutung erlangt.

6.3.2.3.1 cXML *www.cxml.org*

cXML steht für **c**ommerce e**X**tensible **M**arkup **L**anguage. cXML ist ein Standard zur Beschreibung von Kataloginhalten und sicherer kommerzieller Transaktionen und basiert auf dem XML Standard. cXML erlaubt Lieferanten, Einkäufern und Content Management Service Providern, über einen einheitlichen und offenen e-Business Standard miteinander zu kommunizieren[64]. cXML ist bereits sehr gut spezifiziert und kann sich auch einer guten Verbreitung erfreuen. cXML Dokumente sind einfache Text Files, welche über ein entsprechendes Format und über einen entsprechenden Inhalt verfügen.

cXML ist speziell auf folgende Bedürfnisse ausgelegt

- Elektronische Produktkataloge
- Katalog-Punch Out (bei Marktplätzen)

---

[63] Vgl. BMECat (2001), Release Infos BMECat

[64] Vgl. cXML (2001), cXML FAQ *www.cxml.org*

- e-Procurement Anwendungen

Die wichtigsten cXML Dokumente sind:

- Elektronische Kataloge
- Punch Out auf Marktplätze
- Bestellungen.

Speziell die Funktionalität, welche ein Punch Out zur Verfügung stellt, ist eine Möglichkeit, um e-Procurement Applikationen lebendiger und aktueller zu gestalten. Details zu Punch Out Prozessen entnehmen Sie bitte dem Kapitel 6.3.2.3.1.1. Der Punch Out Prozess ist sicherlich eine der größten Stärken des cXML Standards. Im Falle der Übertragung stellt cXML aber nur eine von mehreren Möglichkeiten dar. EDI Bestellungen bieten hier zum Beispiel den Vorteil einer größeren Verbreitung und Akzeptanz.

6.3.2.3.1.1 Punch Out Prozess

Punch Out fähige Web Seiten können mit e-Procurement Systemen über cXML kommunizieren. Dies ermöglicht die lebendige Gestaltung von Kataloginhalten hinter e-Procurement Systemen und die Verknüpfung mit aktuellen Inhalten durch einen Online Zugriff auf die Informationen bei Lieferanten. Unter Punch Out versteht man lebendige Web Sites bzw. Marktplätze, welche mit einem e-Procurement System kommunizieren können. Bei e-Procurement Systemen, welche die Punch Out Möglichkeit unterstützen, wird im Katalog anstelle der Produktinformationen ein Button angezeigt[65]. Wenn der jeweilige Bedarfsanforderer auf diesen Button klickt, werden weitere Informationen direkt von der Lieferantenhomepage geladen.

---

[65] Vgl. cXML (2001), cXML User´s Guide, www.cxml.org

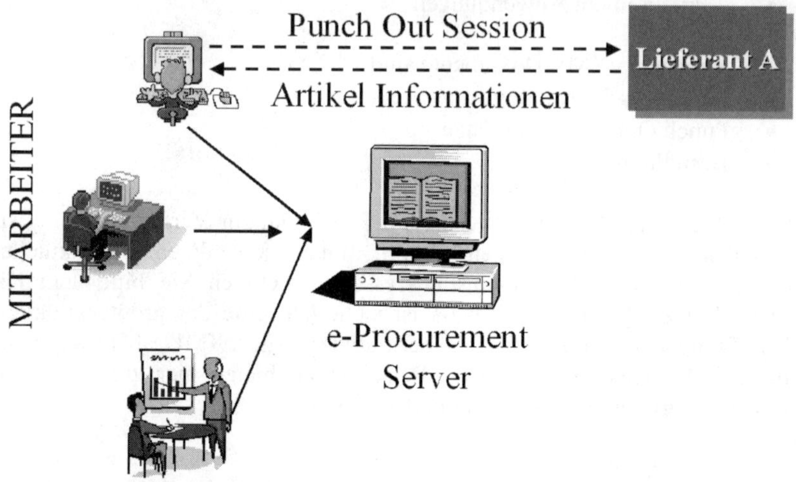

Abbildung 27: Punch Out Funktion

Die Bedarfsanforderer können sich auf diese Weise Produktoptionen anzeigen lassen, Konfigurationsmöglichkeiten überprüfen oder die Liefermethode festlegen. Wenn dieser Vorgang abgeschlossen ist, werden alle Informationen zurück in die e-Procurement Anwendung übernommen, welche die entsprechenden Daten dann an die Back End Systeme weitergeben kann.

6.3.3 Verbreitung der Katalogstandards

Der UN/SPSC Standard hat sich mittlerweile in den Vereinigten Staaten zu dem de facto Standard entwickelt. In Europa beziehungsweise in der EU und der Schweiz sind sowohl der BMEcat® als auch der UN/SPSC Standard in Verwendung. Derzeit werden komplexe Produktrecherchen sowie effiziente Katalognavigation auf Grund des Fehlens von Standards noch erschwert. Die OBI (Open Buying on the Internet) Spezifikation beleuchtet einige Aspekt von e-Procurement, aber hat noch nicht jene Verbreitung gefunden, um als Standard angesehen werden zu können. Daher helfen sich immer noch sehr viele Unternehmen mit selbst gebastelten Konvertern zu cXML und CBL (Common Business Library).

6.4 Umstände für eine schnelle Umstellung auf elektronische Kataloge

Umstände für eine rasche Umstellung auf elektronische Kataloge sind unter anderem:

- häufige Wechsel-Zyklen von Produkten bzw. kurze Produktlebenszyklen. Diese kommen vor allem in der High Tech Branche vor.
- Saisonale Produktzyklen. Diese treten vor allem in der Kleidungsindustrie und in der Reiseindustrie auf.
- An die jeweiligen Kundenwünsche angepasste Produktkataloge, welche speziell bei hochkomplexen Produkten auftreten. Einsatzgebiete sind hier die Luft- und Raumfahrt sowie High Tech Produkte.

Diese angeführten Bereiche bedürfen spezieller Tools, um eine schnelle und effiziente Katalogerstellung zu ermöglichen.

6.5 Voraussetzungen an die Qualität von Content

Der Katalog muss gewisse Standardvoraussetzungen erfüllen, um eine erforderliche Qualität zu gewährleisten. Die Daten müssen standardisiert und regelmäßig aktualisiert bzw. upgedatet werden. Die Navigation innerhalb des Katalogs muss einfach gestaltet sein und dennoch komplexes Suchen ermöglichen. Dies wird ermöglicht durch Kategorisierung und Normalisierung.

6.5.1 Kategorisierung

Produktinformationen und Produktdaten müssen kategorisiert werden, um eine logische Gliederung zu erreichen und somit ein unkompliziertes und rasches Handhaben der Daten zu gewährleisten. Durch diesen Prozess wird auch eine bessere Vergleichbarkeit von Daten ermöglicht.

6.5.2 Normalisierung

Da alle Lieferanten üblicherweise eine firmenorientierte Art der Produktinformationsgestaltung haben, ist es notwendig, diese Informationen in eine einheitliche, einfach verständliche „Sprache" zu übersetzen. Das heißt, dass die Namensgebung der Produkte vereinheitlicht werden muss. Erst dann kann man von qualitativ hochwertigem Content sprechen.

6.5.3 Verbesserung

Unter Verbesserung versteht man in diesem Zusammenhang die Auf- und Nachbearbeitung des Contents durch entsprechend qualifizierte Personen bzw. durch Unternehmen, welche diese Aufgabe übernehmen. Die Daten müssen strukturiert und konsistent gegliedert sein, um so den Kunden und Benutzern entsprechend aufbereitete Daten zur Verfügung stellen zu können.

6.5.4 Einheitliches Aussehen

Die vorherigen drei Unterpunkte verdeutlichen bereits, dass ein einheitliches Aussehen besonders wichtig ist, um den Beschaffungsorganisationen die Handhabung des Content zu vereinfachen und folglich die Zufriedenheit der Unternehmen bzw. die Käuferakzeptanz zu erhöhen. In der gesamten Präsentation und Organisation der Daten muss eine gewisse Konsistenz erkennbar sein.

7 Content Management Strategien

Unternehmen haben zumindest 5 Möglichkeiten, um ihre Desktop Purchasing Systeme (näheres zu DPS in Kapitel 3) mit entsprechendem Inhalt bzw. Content zu versorgen[66].

- Unternehmensinternes Selbstmanagement des Contents
- Management des Contents durch die Lieferanten
- Outsourcing an einen Content Management Service Provider
- Teilnahme an einem vertikalen Marktplatz
- Outsourcing an einen Full Service Internet Marktplatzanbieter

Dem Unternehmen bieten sich auf einer Skala alle Möglichkeiten von der Selbstverwaltung des Contents bis zum kompletten Outsourcing aller e-Procurement Aktivitäten. Der Umfang des Outsourcings in Bezug auf Content Management kann nach Belieben variiert werden. Die Skala reicht von der selbständigen Abwicklung aller Aspekte des Content Managements bis zur kompletten Auslagerung desselben.

7.1 Unternehmensinternes Selbstmanagement des Contents

Diejenigen Unternehmen, welche als Pioniere e-Procurement Lösungen implementierten, hatten nicht jene Wahlmöglichkeiten, über welche Unternehmen verfügen, welche heute e-Procurement Lösungen implementieren. Heute wird ein sehr breites Dienstleistungsspektrum angeboten, welches darauf ausgerichtet ist, bei dem beschaffenden Unternehmen den Arbeitsaufwand zu reduzieren. Natürlich besteht aber auch heute noch die Möglichkeit, die Verwaltung des Contents innerhalb des eigenen Unternehmens abzuwickeln. Dies bietet den Vorteil die absolute Kontrolle über die eingebundenen Artikel und natürlich auch deren Preise zu behalten. Den beträchtlichen Mehraufwand würde ich aber nur Unternehmen empfehlen, welche über eine entsprechende Größe verfügen und welche auch bereits eine Konsolidierung der Lieferanten durchgeführt haben und so nur mehr wenige Lieferanten an den internen Katalog anbinden müssen.

Das Organisieren und Verwalten von Content für e-Procurement zählt nicht zu den Kernkompetenzen von Beschaffungsorganisationen. Aus diesem und einigen anderen Gründen ist das teilweise Outsourcen des Content Managements in bestimmten Fällen eine notwendige und die einzig richtige Entscheidung. Weitere Gründe, welche für Outsourcing sprechen wären:

---

[66]Vgl. TPN Register (2000), The Secret to speeding your Internet Procurement ROI

- fehlende Kernkompetenz
- Effizienz und Economies of Scale
- bessere und vielfältigere Lieferantenverbindungen
- Know-how.

7.1.1 Multi Lieferanten Kataloge (MSPC)

Unter Multi Lieferanten Katalogen versteht man die in dem internen Katalog abgebildeten und aggregierten Artikelinformationen mehrerer Lieferanten. Die Abkürzung für MSPC kommt aus dem englischen und steht für Multi Supplier Product Catalog.

Derzeit hat ein typisches Unternehmen eine große Anzahl von Verbindungen zu den Lieferanten und dann noch zusätzlich eine viel größere Anzahl von Kommunikationswegen zu den Kunden. Bei dieser Art des Aufbaus kommt es zu einem erheblichen Mehraufwand sowohl auf Lieferantenseite als auch auf Beschaffungsseite.

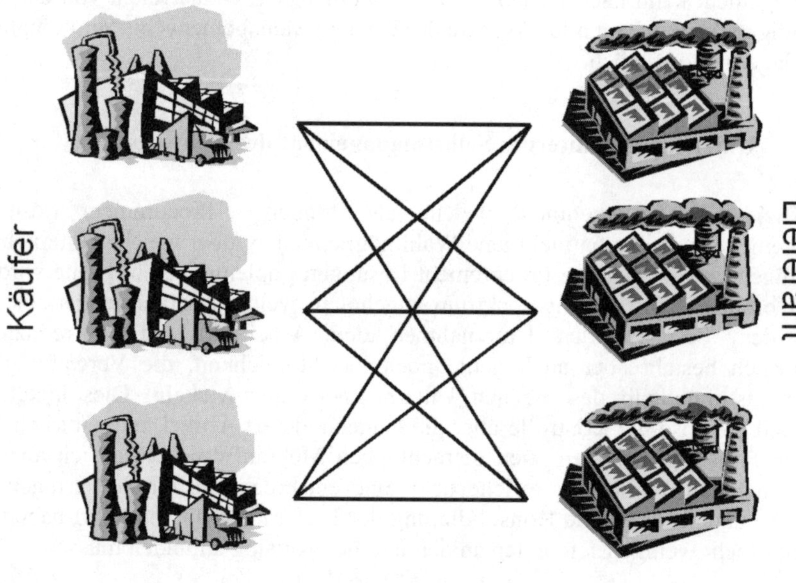

Abbildung 28: Aufbau von Netzwerken ohne CMSP

Lieferanten können derzeit in der Zurverfügungstellung ihres Contents auf elektronische Art und Weise für einzelne Unternehmen nach jeweils spezifischen Standards nur wenige Vorteile erkennen. Einerseits werden ihre Leistungen leichter vergleichbar und auswertbar, sodass dadurch nur noch mehr Kosten für die Unternehmen entstehen, und andererseits können sie oft keinen zusätzlichen

Nutzen für eine Umsatzsteigerung erzielen. Die Lieferanten haben auf Grund fehlender Ressourcen und auf Grund eines fehlenden Fachwissens oft nicht die Möglichkeiten, den gewünschten Content für vielfältige Systeme in verschiedenen Standards bereitzustellen.

Der Aufwand für die Zurverfügungstellung von elektronischen Katalogen wird vielfach enorm unterschätzt. Es ist nicht so, dass man nun einfach statt eines Papierkataloges eine CD-Rom zum Einspielen zugeschickt bekommt. Es bedarf vielmehr neben den normalen Verhandlungstätigkeiten, rechtlichen Verträgen und der Festlegung auf Standards und Protokolle auch der Klärung rechtlicher Fragen bei der Zurverfügungstellung von Bildern und sonstigen elektronischen Dokumenten. Denn diese erhalten die Lieferanten selbst von ihren vorgelagerten Produzenten nur unter Einhaltung von Copyright und ähnlichen Bestimmungen. Zusätzlich müssen die bisherigen Ansprechpartner auf beiden Seiten erweitert werden, da bisher von diesen Prozessen nicht beteiligte Personen Schlüsselfunktionen in der Erstellung und Einspielung von elektronischen Katalogen erhalten. Dies sind zum Beispiel Programmierer und Mitarbeiter der IT Abteilungen. Ohne ein erfolgreiches Miteinbeziehen dieser Personen ist es nicht möglich, einen qualitativ hochwertigen Content zeitgerecht zur Verfügung zu stellen.

7.1.1.1 Die Aufstellung eines internen Content Management Teams

Wie bereits mehrfach erwähnt wurde, ist eine große Anzahl von Fachkräften unterschiedlicher Abteilungen notwendig, um die elektronischen Kataloge zu erstellen und zu verwalten. Vom Wissen über Artikel, Datenbankwissen bis hin zur Anbindung von Back End Systemen und der Konvertierung von unterschiedlichen Datenbeständen werden sehr viele Bereiche eines Unternehmens involviert.

Der finanzielle Aufwand, welcher für die Integration von Content in den unternehmenseigenen Katalog aufgewendet werden muss, ist nicht gerade gering und mit Sicherheit keine einmalige Aufwendung. Der Content muss permanent aktualisiert werden. Da Lieferanten zumeist nur Gesamtupdates ihrer Kataloge zur Verfügung stellen und Informationen über geänderte Artikelfelder (geänderte Preise, Bezeichnung etc.) nur selten zur Verfügung stellen oder entsprechend aufbereiten, müssen die Kataloge vor der Einspielung einer Prüfung unterzogen werden. Auf Grund der hohen Komplexität der Vorgänge und des darauf spezialisierten Personals werden in Unternehmen zumeist eigene Abteilungen zur Verrichtung dieser Tätigkeiten geschaffen.

7.2 Management des Contents durch die Lieferanten

Viele Lieferanten sind der Meinung, es bestehe kein Bedarf Content auf Käuferseite zu verwalten, da die Lieferanten doch über eine eigene Homepage mit einem Online Shop verfügen, über welchen bei Bedarf die Unternehmen ihre Produkte auswählen und bestellen können. Warum sollten die Lieferanten also die Arbeit der Produktpflege doppelt verrichten?

Nun, die meisten Firmen, welche sich für eine e-Procurement Lösung entscheiden, haben eine größere Anzahl von Lieferanten. Den einzelnen Mitarbeitern oder Bedarfsanforderern ist es kaum zumutbar, sich mit dem Look and Feel von mehr als 10 Lieferantenseiten herumzuschlagen und einen Artikel, verteilt über 10 Homepages, zu suchen. Die meisten Lieferanten Pages verfügen auch nicht über die Möglichkeit elektronische Workflows in Abhängigkeit des jeweiligen Nutzers und unternehmensspezifische Preise (gemäß abgeschlossenen Rahmenvertrag) zu hinterlegen. Alle Daten müssten im Anschluss dann erst wieder in das hauseigene Back End System übernommen werden. Dieser Schritt entfällt bei einem unternehmenseigenen Desktop Purchasing System.

Der Erfolg, einen Lieferanten dazu zu überreden, die Katalogdaten exakt in dem gewünschten Format zur Verfügung zu stellen, hängt, abgesehen von der Marktmacht des einkaufenden Unternehmens, ebenfalls davon ab, ob der Lieferant dieses Datenformat auch für andere Kunden verwenden kann und sich so der zusätzlich Aufwand für den Lieferanten lohnt. Doch selbst wenn die Daten in dem gewünschten Format zur Verfügung gestellt werden, obliegt es immer noch dem Unternehmen, die Daten in den Katalogen auf inhaltliche Konformität und Einspielbarkeit in das System zu überprüfen und dieser Aufwand[67] kommt dem des Aufwandes bei einer Übernahme aller dieser Aufgaben innerhalb des Unternehmens schon sehr nahe.

7.2.1 Vorteile des Content Managements bei Lieferanten

Es gibt viele gute Gründe für Lieferanten e-Procurement Aktivitäten zu starten bzw. auszudehnen. Dies wären unter anderem:

- Unternehmenswachstum
- Reduktion der Betriebskosten.

7.2.1.1 Unternehmenswachstum

Wenn Lieferanten Content Management Organisationen in Anspruch nehmen, eröffnen sich für sie neue Absatzkanäle. In kürzester Zeit kann so der Marktanteil eines Lieferanten wachsen, da durch den Zugang zu neuen Kunden neue Märkte

[67] Vgl. TPN Register (2000), The Secret to speeding your Internet Procurement ROI

erschlossen werden können. Lieferanten können weiters von dem Marketing eines etwaigen Content Management Service Providers (CMSP) profitieren.

7.2.1.2 Reduktion der Betriebskosten

Content Management Organisationen bieten den Lieferanten viele Services und Tools, welche helfen sollen, e-Business Anwendungen effizient zu implementieren und zu nutzen. Diese Anwendungen sollen ein bestmögliches Kundenservice dadurch ermöglichen, dass Kunden jederzeit auf aktualisierte Daten Zugriff haben. Dieser Prozess wird dadurch erleichtert, dass der Lieferant nicht mehr wie bisher jeden Kunden einzeln kontaktieren muss, sondern einfach nur ein einmaliges Updaten des Contents (Preisänderungen bzw. die Verfügbarkeit von Produkten) erforderlich ist. Einsparungen im Bereich der Personalkosten können durch die elektronische Datenverarbeitung erzielt werden. Die Fehlerrate bei Bestellungen wird verringert und dadurch gleichzeitig die Anzahl der kostspieligen Rücksendungen, welche zumeist nur durch falsch ausgefüllte Bestellungen verursacht werden. Außerdem werden (als Folge des einheitlichen Contents und des elektronisch erfolgenden Bestellwesens) die Prozess- und Transaktionskosten verringert.

7.3 Outsourcing an Content Management Service Provider

Nach den Ausführungen über mögliche Probleme mit Multi Lieferanten Katalogen leuchtet es ein, dass schnelle Implementationszeiten und sofortige Kostenreduktionen nicht sofort nach dem Kauf eines e-Procurement Systems erfolgen. Eine Alternative bieten Content Management Service Provider.

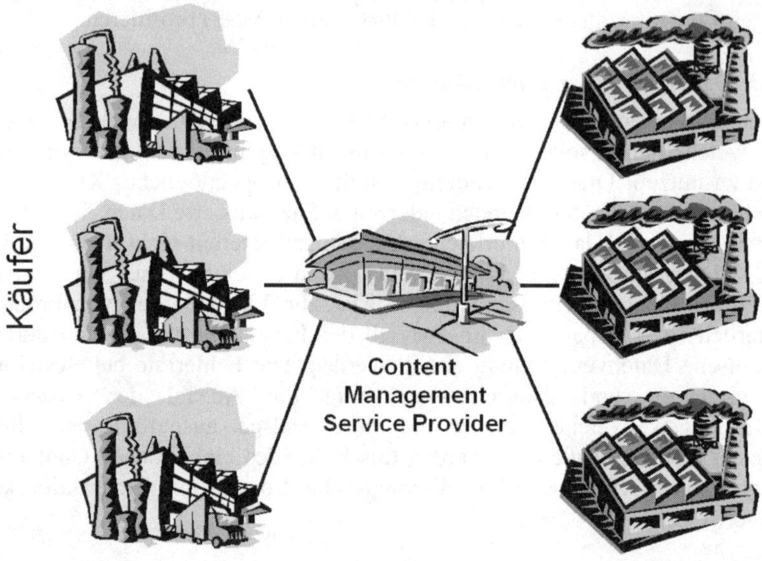

Abbildung 29: Aufbau von Netzwerken mit CMSP

Die beste Möglichkeit, um schnell und möglichst unkompliziert an umfangreichen Content zu gelangen, ist, den Content Management Prozess an ein anderes Unternehmen, welches hierauf spezialisiert ist, auszulagern („Out-sourcing").

Durch Outsourcing wird das Content Management durch ein darauf spezialisiertes Unternehmen (Content Management Service Provider - CMSP) effizient durchgeführt. Die Beschaffungsorganisation kann sich auf ihre Kernkompetenzen konzentrieren. Ein Content Management Service Provider kann auf Grund der großen Anzahl seiner Kunden, welche nun den Katalog ein und desselben Lieferanten benützen „Economies of Scale" (Mengendegressionseffekte) erwirtschaften.

Da Content Management Service Provider Katalogmanagement und Kataloghosting zu ihrer Kernkompetenz gemacht haben, haben sie folglich auch bessere Geschäftsverbindungen und werden von dem betreffenden Lieferanten auch bevorzugt behandelt, da er für diese die Kontaktstelle zu einer größeren Anzahl an Käufern ist. Content Management Service Provider verfügen auf Grund ihrer Spezialisierung über das notwendige Know-how und die erforderlichen Tools, um effizient zu arbeiten.

7.3.1 Vorteile für Beschaffungsorganisationen

7.3.1.1 One-Stop Einkaufen

Beschaffungsorganisationen genießen den Vorteil, nicht mehr vielen Lieferanten gegenüberzustehen, sondern überlassen den Prozess der Suche, Selektion und Auswahl von Lieferanten zusätzlich dem Content Management Service Provider und kontaktieren auch oft nur noch diesen. Dies ermöglicht den One-Stop Einkaufseffekt. Das Content Management Unternehmen kennt durch seine Spezialisierung den Markt besser als individuelle Beschaffungsorganisationen und verfügt über ein detailliertes Wissen darüber, welche Daten existieren, wie sie weiterverarbeitet und upgedated und vor allem darüber, wie sie verbessert werden können.

7.3.1.2 Größere Kapazitäten

Ich habe bereits erwähnt, dass für Käufer die Kosten für die Pflege des Contents exponentiell mit der Anzahl der Lieferanten bzw. mit der Anzahl der Updates (welche diese an das betreffende Unternehmen übermitteln) steigt. Da Unternehmen versuchen, den Return on Investment zu maximieren, sollten sie hier Content Management Service Provider in Anspruch nehmen, da diese über die erforderlichen Kapazitäten verfügen.

7.3.1.3 Aggregationsmechanismus

Content Management Service Provider verarbeiten die Daten einer Vielzahl von Lieferanten und gliedern diese in schlüssiger Weise in einen einheitlichen Katalog, welcher den Beschaffungsorganisationen zur Verfügung gestellt wird. Auf diese Weise können die Käufer auf einen Blick Produkte und deren Preise am Markt vergleichen. Oft werden zusätzlich unterstützende Tools angeboten, welche den Einkäufern Einkaufsempfehlungen geben können.

7.3.2 Kriterien für die Auswahl eines CMSP

Wenn es um die Auswahl eines CMSP (Content Management Service Providers) geht, stehen die meisten Unternehmen vor dem Problem der Qual der Wahl. Eine Orientierungshilfe für diese Unternehmen soll der hier vorliegende Abschnitt bieten. Fünf Faktoren sind für die Auswahl der Content Management Partner zu berücksichtigen:

- entgegengebrachtes Vertrauen
- XML Fähigkeit
- EDI (EDIFACT Datenaustausch)
- einfache Lieferantenanbindungs-Tools
- großer Leistungsumfang bzw. Produktumfang.

Ich möchte nun näher auf die einzelnen Punkte eingehen:

7.3.2.1 Vertrauen in den Content Service Provider

Da die gesamte Verantwortung für die Erstellung der Kataloge an eine unternehmensfremde Firma vergeben wird, sollte man sich auf jeden Fall nach einem Handelspartner umsehen, welcher das volle Vertrauen der Unternehmung genießt. Vielleicht bietet ja auch einer der bisherigen Handelspartner als neue Zusatzleistung die Möglichkeit, das gesamte Content Management zu übernehmen.

Es sollte des weiteren überprüft werden, inwiefern bestehende Lieferanten eventuell bereits bei Content Management Providern ihren Service bzw. ihre Produkte anbieten. Die derzeitige Situation in der EU ist diesbezüglich noch unterentwickelt. Es gibt nur wenige Content Management Service Provider – und von diesen agieren wiederum nur wenige EU-weit. In den nächsten Jahren ist auf Grund der EU-Osterweiterung ebenfalls mit einer Einbeziehung dieses Wirtschaftsraumes zu rechnen.

Da bei Übergabe der Dienstleistung an einen unabhängigen Content Management Service Provider auch ein Teil der bisherigen Kompetenzen der Einkaufsabteilungen diesen übertragen wird, sollte der Auswahl dieses Unternehmens auch besondere Beachtung geschenkt werden. Manche Bereiche wie die inhaltliche Überprüfung des angebotenen Contents bzw. auch die Überprüfung der angeführten Preise wird dadurch nicht mehr ausschließlich durch das eigene Unternehmen durchgeführt.

7.3.2.2 XML Fähigkeit

XML steht für (eXtensible Markup Language). XML ist ein offener Standard, welcher die Entwicklung und den Wiedergebrauch von Bibliotheken (Libraries) für Content Anzeige, Kommunikation und Interpretation gewährleistet. Näheres zu XML in Kapitel 9.10.

XML ist sicherlich der richtige Weg auf der Suche nach einem universell einsetzbaren Standard. Ein einzelner, speziell angepasster Katalog, ist Ausgangspunkt für eine große Anzahl von Batchprozessen, welche darauf abzielen, die Integration in möglichst viele Plattformen zu ermöglichen. Automatische Prüfroutinen sind notwendig, um große Kataloge in ihrer Vielfalt und Menge von Daten, einfach zu kontrollieren und auf Richtigkeit zu überprüfen. Content Management Service Provider sollten in der Lage sein, XML Dokumente zu verarbeiten und diese ebenfalls für den Import in Back Office Anwendungen zur Verfügung zu stellen.

7.3.2.3 EDIFACT Datenaustausch

EDI steht für „Electronic Data Interchange" und bedeutet nichts anderes, als dass Daten elektronisch ausgetauscht werden können. Bei EDI handelt es sich jedenfalls noch um keinen Standard. Das Versenden eines Excel Files via Email fällt bereits unter den Begriff EDI. EDIFACT wiederum ist ein international anerkannter Standard zum elektronischen Austausch von Daten (Dokumenten). Das EDIFACT Format ist also eine spezielles EDI Format. Dieser Punkt führt oft zu Verwirrungen. Bei Softwareprodukten sollte daher nicht nur auf die EDI-Fähigkeit, sondern im speziellen auf die EDIFACT bzw. XML-Fähigkeit großer Wert gelegt werden. EDIXML wird eines Tages sicherlich EDIFACT in der einen oder anderen Art und Weise ersetzen oder überflüssig machen, doch derzeit erlebt EDIFACT einen bisher ungeahnten „Hype". Auf Grund der neu entfachten Diskussionen bezüglich elektronischen Datenaustauschs und ähnlicher Technologien kam es zu einer Wiederbelebung des EDIFACT Geschäftes. Der EDIFACT Standard wurde bereits ausreichend spezifiziert (um von einem wirklichen Standard sprechen zu können) und erfreut sich einer weiten Verbreitung. EDIFACT Systeme waren nur auf Grund ihres hohen Anschaffungspreises von mehreren tausend Euro für die meisten Unternehmen zu kostspielig. Auf Grund von XML und immer einfacher zu handhabenden Technologien ist EDIFACT heute keine kostspielige Angelegenheit mehr. Die Investitionskosten belaufen sich heutzutage auf den Preis eines Standard Office Paketes.

7.3.2.4 Einfache Lieferantenanbindungs-Tools

Ein wichtiger Punkt bei der Auswahl eines Content Management Service Providers ist die einfache Möglichkeit für Lieferanten, an diesen angebunden werden zu können. Ein Content Management Service Provider muss über die notwendigen Software Tools verfügen, um Lieferanten die Möglichkeit zu bieten, ihre bereits in elektronischer Form vorhandenen Katalogdaten einzuspielen bzw. auf einfache Art und Weise Preise und ähnliche Informationen über ein Web-Interface upzudaten.

Nur wenn diese Voraussetzungen erfüllt sind haben auch kleine Anbieter die Möglichkeit, solche Lösungen im vollen Umfang zu nutzen. Basierend auf diesen einfachen Integrationsmöglichkeiten kommt es zu einer engen Verzahnung der Beziehungen zwischen Lieferanten und Beschaffungsabteilungen, welche zu einer Stärkung beider Seiten führt.

7.3.2.5 Großer Leistungsumfang bzw. Produktumfang

Je mehr Lieferanten und Beschaffungsabteilungen an einen solchen Content Management Service Provider angeschlossen werden, desto höher ist auch der Nutzen von allen beteiligten Parteien. Die Lieferanten können sich so auf einfache Art und Weise einen neuen Markt erschließen, während die Beschaffungsabteilungen von einem größeren Angebot profitieren.

7.3.3 Vorteile durch Content Management Service Provider

Die Nutzung von Content Management Service Providern bringt eine große Anzahl von Vorteilen mit sich. Diese lassen sich wie folgt auflisten :

1. stärkere Lieferantenbeziehung(en)
2. geringere TCOs (Total Cost of Ownership)
3. personalisierter Content
4. reduzierte Implementierungszeiten
5. Erfahrung im Umgang mit Content Management

7.3.3.1 Stärkere Lieferantenbeziehungen

Auf Grund der bereits bestehenden engen Zusammenarbeit und basierend auf den bereits bestehenden Schnittstellen von Content Management Service Providern und Lieferanten ist der Aufwand für die Datenaufbereitung um ein Vielfaches geringer.

7.3.3.2 Geringere TCOs (Total Cost of Ownership)

Die Total Cost of Ownership eines Outsourcing Modelles mit einem Content Management Service Provider ist bei Klein- und Mittelständischen Unternehmen um einiges geringer als die unternehmensinterne Aufbereitung des Kataloginhalts. Ebenso ist die Qualität des Kataloginhaltes bei Content Management Service Providern in der Regel höher.

7.3.3.3 Personalisierter Content

Personalisierter Content reduziert das Einkaufen außerhalb von bestehenden Rahmenverträgen (Maverick Buying) durch das Anbieten von mitarbeiterspezifischen Inhalten.

7.3.3.4 Reduzierte Implementierungszeiten

Die Implementierungszeiten werden radikal verkürzt, wenn Beschaffungsorganisationen sich nicht um alle Facetten des Content Management kümmern müssen. Durch Economies of scale können hier Einsparungen erzielt werden.

7.3.3.5 Erfahrung im Umgang mit Content Management

Durch die Erfahrung in diesem Bereich, die bisherigen Implementationen und den Aufbau vernetzter Lösungen ist es möglich, auf den bestehenden Bestand aufzubauen. Bisherige Netzwerke werden genützt und durch hinzukommende Lieferanten-Anbindungen stets erweitert.

7.4 Outsourcing an einen Full Service Internet Marktplatzanbieter

Bei diesem Modell werden fast alle Aktivitäten dem Anbieter dieser Dienste überlassen. Zu dem Leistungsspektrum, welches ein Full Service Internetanbieter liefern sollte, gehört unter anderem[68]:

- standardisierter und kategorisierter Content
- Content Verwaltung Tools
- ausgezeichnete Beziehungen zu den für das Unternehmen wichtigen Liefer-anten
- Umfangreiche Suchmöglichkeiten
- virtuelle Kataloge mit den Unternehmen – spezifische Rahmenverträge
- Automatische Integration in Back end Systeme (ERP etc.) siehe Kapitel 5

Einer der Hauptvorteile dieser Lösung liegt in der kurzen Implementierungszeit und in der einfachen Handhabung durch das Unternehmen. Zu den Nachteilen gehören die oft aufwendige Integration in die vorhandenen Back End Systeme sowie die Tatsache, dass zumeist nicht alle strategischen Lieferanten eines Unternehmens bereits an einen Marktplatz angebunden sind und deren Anbindung ebenfalls einen gewissen Zeitraum in Anspruch nimmt. Es kommt vor, dass Kunden sanft dazu überredet werden, in der Übergangszeit mit denjenigen Lieferanten Geschäfte zu tätigen, welche bereits an den Marktplatz angebunden sind und erst nach erfolgter Anbindung der „alten" Unternehmenslieferanten mit diesen wieder Geschäfte zu machen. Dieser Zeitraum fällt jedoch zumeist länger aus als erwartet und schadet den mühevoll aufgebauten Beziehungen zwischen Unternehmen und den „alten" Lieferanten.

7.5 Horizontale Marktplätze

Externe Marktplätze stellen für Unternehmen eine simple Möglichkeit dar, relativ leicht und rasch e-Procurement in einer einfachen Form durchzuführen. Für viele Unternehmen ist dies der erste Schritt in Richtung e-Procurement. Ursprünglichen Prophezeihungen von amerikanischen Marktforschern für Deutschland, welche besagten dass es im Jahre 2002 ca. 600 bis 800 elektronische Marktplätze geben sollte, haben sich als falsch erwiesen. Derzeit wird die Anzahl der funktionierenden Marktplätze etwa in Deutschland auf 250 geschätzt[69]. Sehr viele Anbieter sind bereits wieder verschwunden, da sie die Dauer, welche für das Erlangen einer kritischen Masse erforderlich ist, unterschätzt haben.

Es gibt derzeit nur wenige funktionierende horizontale Marktplatze (B2B) und es ist auch nicht damit zu rechnen, dass deren Anzahl in Zukunft steigen wird. Ich

[68] Vgl. TPN Register (2000), The secret to speeding your Internet Procurement ROI

[69] Vgl. Löll (2002), Der Euphorie folgte Ernüchterung, www.heise.de

möchte an dieser Stelle einen davon exemplarisch vorstellen, da die Funktionsweise und das Dienstleistungsportfolio von Anbietern elektronischer Markplätze sehr ähnlich ist.

7.5.1 *www.bizmarket.at*

Dieser horizontale Marktplatz wurde von der Telekom Austria in Kooperation mit SAP und HP im Jahre 1999 gegründet. Der Marktplatz ist Anfang 2002 einem kompletten Relaunch unterzogen worden. Zu den ersten Lieferanten welche die Möglichkeiten dieses Marktplatzes genutzt haben, gehören Unternehmen wie der Verbund, Corporate Express, Kellner & Kunz AG und Spiral.

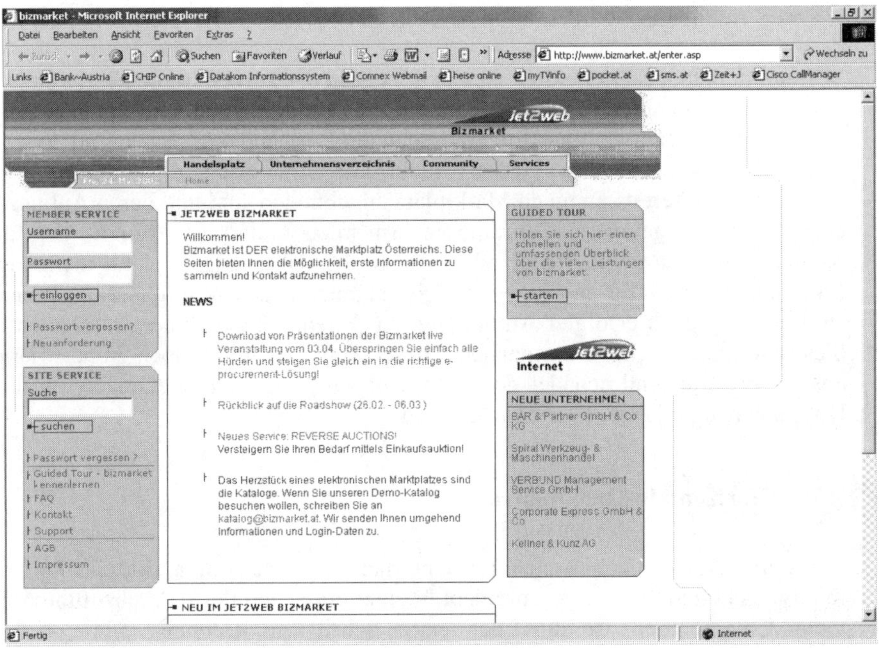

Abbildung 30: Die Loginmaske von www.bizmarket.at

Bei *www.bizmarket.at* handelt es sich um ein geschlossenes Forum für Unternehmer, welche ein solides Standing im wirtschaftlichen Leben aufweisen. Der Marktplatz fungiert als Kommunikations- und Datendrehscheibe für B2B Transaktionen. Die Verantwortung für den Inhalt der Daten dieses Marktplatzes tragen die jeweiligen Lieferanten. Alle Einkäufer, welche Rahmenverträge mit einem Lieferanten haben, werden bei etwaigen Änderungen (zum Beispiel Preisänderungen) verständigt und erst nach der erfolgten Zustimmung der Einkäufer gelten die neuen Konditionen. Die jeweiligen Einkäufer haben immer nur in das mit dem jeweiligen Lieferanten vereinbarte Sortiment Einsicht. Der Einkäufer wiederum hat die Möglichkeit, den Zugriff für andere Anwender des

Unternehmens in Bezug auf bestimmte Warengruppen und die Anzeige der Produktdaten zu beschränken.

Zu dem Leistungsumfang von *www.bizmarktet.at* gehören unter anderem folgende Dienstleistungen[70]:

- e-Procurement (digitale Abwicklung der Geschäftsprozesse zwischen den Unternehmen)
- Multilieferantenkataloge (Summe aller Kataloge der registrierten Lieferanten, aus welchen ein Käufer eine Bestellung kreieren kann)
- Auktionen (Bieterverfahren)
- Dokumentenmanagement
- Benutzerverwaltung
- Ordermanagement
- Rechnungslegung
- Logistikdienstleistungen (Lieferabwicklung, Überwachung)
- Finanzdienstleistungen (KSV Auskünfte, Finanzierung, Versicherung).

Der Dokumentenaustausch wird in der Regel (wie auch im Falle von *www.bizmarket.at*) zentral über den Marktplatz abgewickelt. Die Lieferanten und Käufer kommunizieren im Regelfall nicht direkt miteinander.

7.6 Anbindung an vertikale Marktplätze

Bei vertikalen Marktplätzen handelt es sich um spezialisierte Branchenmarktplätze, welche Lieferanten innerhalb eines eng umfassten Kontextes vereinen. Diesen werden zusätzliche Informationen (diese Branche betreffend) und zusätzliche Dienstleistungen (wie Finanzierung etc.) angeboten. Ein typisches Beispiel ist der Auto-Exchange (Marktplatz der Automobilindustrie) oder der Aero -Exchange (Markplatz der Luftlinien der Star Alliance). Eine automatische Inte-gration der Daten in die Back End Systeme der Kunden kann erfolgen. Es hat sich gezeigt, dass vor allem Marktplätze, welche von Branchen und Marktführern selbst gegründet wurden, sehr erfolgreich waren. Die meisten Versuche von Marktplatzanbietern, welche keine hinreichende Erfahrung in der jeweiligen Branche hatten, schlugen fehl.

7.7 Komplexere Systeme (zusätzlich mit Marktplatzanbindung etc.)

Basierend auf diesen Systemen können natürlich auch noch weit komplexere Modelle aufgebaut werden, welche als Mischformen und Erweiterungen zu den bisher behandelten Systemen erklärt werden können. Neben der Anbindung von Content Management Service Providern und der Anbindung an externe Markt-

[70] Vgl. Doberschütz (2001), Kritische Erfolgsfaktoren für den Absatzkanal Internet

plätze ist selbstverständlich nach wie vor auch zusätzlich die Integration vorhandener Lieferanten möglich.

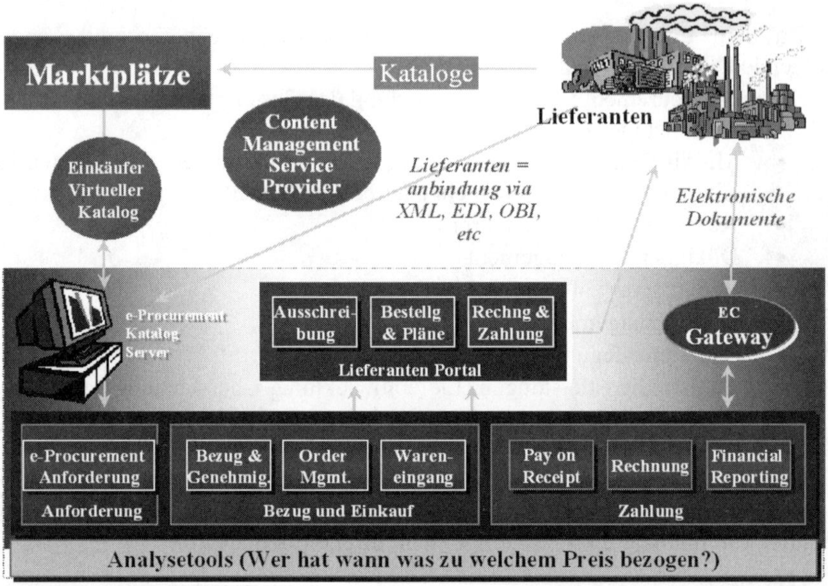

Abbildung 31: Möglichkeiten der Katalog-Integration

Der Phantasie bei der Gestaltung und der Integration von unterschiedlichen Geschäftspartnern sind bei e-Procurement Systemen keine Grenzen gesetzt. Vermutlich werden Unternehmen trotz der derzeit geringen Beteiligung an elektronischen Marktplätzen auf deren Dienstleistungen in Zukunft vermehrt zurückgreifen.

8 Durchführung und Planung von e-P.-Projekten

In diesem Kapitel möchte ich auf die wesentlichen Aspekte bei der Durchführung von e-Procurement Projekten eingehen. Es empfiehlt sich, bewährte Projektmanagement Methoden bei der Umsetzung von solchen Projekten anzuwenden. Dieses Kapitel wurde in Anlehnung an die PM Baseline von Univ. Prof. Dkfm. Dr. Roland Gareis[71] erstellt. Mit Hilfe der Beschreibungen in diesem Kapitel soll der Aufwand für die Planung von e-Procurement Projekten minimiert, sowie ein beispielhafter Aufbau eines entsprechenden Projekthandbuches gezeigt werden.

8.1 Projektmanagement im Bereich von e-Procurement

Die Bedeutung von Projektmanagement und von projektorientierten Unternehmen ist in den letzten Jahren enorm gestiegen. Projekte werden als temporäre Organisationen zur Durchführung komplexer Prozesse in projekt-orientierten Unternehmen eingesetzt[72]. Projektmanagement hat sich im Laufe der letzten Jahre zu einem eigenen Wissensgebiet etabliert und es gibt bereits eine große Anzahl von Veröffentlichungen zu diesem Themengebiet.

Bei Projekten handelt es sich jedenfalls um komplexe, meist neuartige, riskante und für das Unternehmen bedeutende Aufgaben. All diese Aspekte treffen auf die Umsetzung von e-Procurement Projekten zu, da hier die bisherigen Arbeitsabläufe umstrukturiert, viele Abteilungen eines Unternehmens bereits in der Konzeptionsphase einbezogen werden müssen und die Aufgabenstellungen hinsichtlich Integration und dergleichen sehr komplex sind.

An dieser Stelle soll nicht weiter auf die Definitionen von Projekten und deren unterschiedliche Ausprägungen eingegangen werden, sondern vielmehr auf die Besonderheiten von e-Procurement Projekten. Zum Thema der optimalen Besetzung des Projektleiters kann ich nur sagen, dass im Vordergrund die Qualifikation als Projektleiter und die Erfahrung bei der Umsetzung von ähnlich gelagerten Großprojekten stehen sollte und weniger die fachliche Qualifikation (weder aus Sicht der Einkaufsabteilung noch aus Sicht der EDV Abteilung etc.). Bei sehr großen Projekten bzw. bei geringer Projekterfahrung in diesem Bereich empfiehlt sich auch die Unterstützung durch einen professionellen Projektcoach.

---

[72] Vgl. Gareis (2002), PM Baseline, Seite 5ff.

8.1.1 Die Erstellung eines Projekthandbuches

Natürlich bedeutet die Erstellung eines Projekthandbuches ein wenig an (meistens unerwünschter) Mehrarbeit, doch hat sich im Zuge von Projekten die Erstellung eines Handbuches im Nachhinein immer bewährt, da komplexe Abläufe so dokumentiert und die Nachvollziehbarkeit von Änderungen im Projektablauf klar ersichtlich sind. Des weiteren ermöglicht ein aktuelles Projekthandbuch Projektteammitgliedern auf einfache Art und Weise sich zu Beginn des Projektes – bzw. bei einem nachträglichen Eintritt in das Projektteam - einen Überblick zu verschaffen. Entsprechende Vorlagen zu der Erstellung eines e-Procurement Projekthandbuches können Käufer dieses Buches unter *www.e-procurement.info* kostenlos herunterladen.

8.1.2 Möglicher Aufbau eines e-Procurement Projekthandbuches

Das Inhaltsverzeichnis eines möglichen Projekthandbuches könnte in etwa so aufgebaut sein:

1 Änderungsverzeichnis
2 Ansprechpartner
3 Projektdurchführendes Unternehmen
4 Kurzbeschreibung Projekt
4.1 Ausgangslage
4.2 Abstract
4.3 Benötigter Leistungsumfang für das e-Procurement Projekt
5 Projektpläne
5.1 Projektauftrag
5.2 Projektzieleplan
5.3 Beschreibung Vorprojekt- und Nachprojektphase
5.4 Projektumwelt-Analyse
5.5 Beziehungen zu anderen Projekten
5.6 Projektergebnisplan
5.7 Projektstrukturplan
5.8 Arbeitspaket-Spezifikationen
5.9 Projektfunktionendiagramm
5.10 Projektmeilensteinplan
5.11 Projektbalkenplan
5.12 Projektpersonaleinsatzplan
5.13 Projektkostenplan
5.14 Projektorganigramm
5.15 Projektkommunikationsstrukturen
5.16 Projekt-„Spielregeln"
5.17 Projektdokumentation
6 Projektphasen
6.1 Protokolle – Projektstart
6.2 Protokole – Projektfortschritt
6.3 Protokolle - Projektende

8.1.3 Änderungsverzeichnis

Im Änderungsverzeichnis werden alle Änderungen, welche sich im Zuge einer Projektabwicklung ergeben erfasst und dokumentiert. Beispielsweise:

Version	Datum	Änderung	Ersteller
0.1	12.05.01	Erstentwurf Projekthandbuch	PL
0.2	13.06.01	Überarbeitung durch den Konzern	PL
0.3	02.08.01	Neuerliche Abstimmung mit den Subunternehmen	PL
1.0	01.09.02	Offizielles Projekthandbuch für den Projektstart	PL
1.1	15.09.02	Anpassung der Termine auf Grund der Nichtverfügbarkeit von Hardware Komponenten	PL
1.2	17.12.01	Anpassungen auf Grund von neuen Zielen und Aufgaben innerhalb des Projektes durch den Kunden	PL
1.3	19.01.02.	Derzeit aktuelle Version	PL

8.1.4 Ansprechpartner

Hier werden die wichtigsten Mitarbeiter eines Projektes mit ihrer Funktion sowie die Möglichkeit ihrer Erreichbarkeit (Telefonisch, e-Mail etc.) angeführt (OEH steht für Organisationseinheit).

Name	OEH	Rolle im Projekt	Telefon	e-mail
Projektleiter	PE	PL	xxxx/xxxxx	info@....

8.1.5 Projektdurchführendes Unternehmen

An dieser Stelle werden einführende Informationen zu dem projektdurchführenden Unternehmen gegeben. Dieser Punkt ist besonders wichtig, falls das Projekt nicht von dem betroffenen Unternehmen selbst geleitet wird.

8.1.6 Kurzbeschreibung Projekt

Mit einer genauen Beschreibung der Ausgangssituation sollte in jedem Falle begonnen werden. Ein kurzes Abstract (Ausmaß: halbe bis eine Seite) ermöglicht allen Interessierten sich rasch einen Überblick über die wesentlichen Aspekte des Projektes zu verschaffen. In dem dokumentierten Leistungsumfang des Projektes sollen alle Ziele, welche durch das Projektteam verfolgt werden hinreichend dokumentiert werden.

8.2 Projektpläne

8.2.1 Projektauftrag (Zweck und Beispielplan)

Der Projektauftrag ist Startereignis des gesamten Projektmanagement-Prozesses und fasst in strukturierter Form die wichtigsten Eckpunkte für Auftraggeber und Projektteam zusammen.

<table>
<tr><td>e-Procurement
1.3</td><td>PROJEKTAUFTRAG</td></tr>
<tr><td>Projektstartereignis:
• Eintreffen der Fax-Auftragsbestätigung am</td><td>Projektstarttermin:
• 01.10.2001</td></tr>
<tr><td>Projektendereignis:
• Abnahme der e-Procurement Lösung im Rahmen eines Funktionalitätstests</td><td>Projektendtermin:
• 01.03.2002 (ursprünglicher Projektplan)
• 01.04.2002 (upgedateter Projektplan 1.3) siehe Änderungsverzeichnis</td></tr>
<tr><td>Projektziele:
• Installation und Setup der e-P. Software
• Bereitstellung/Empfang und Verarbeitung der Daten innerhalb des e-Procurement Systems und zur Schnittstelle
• ....</td><td>Nicht-Projektziele:
• Datenbank Administration
• Rollout der Clients
• Kundenschulung
• Backup des Systems</td></tr>
<tr><td>Hauptaufgaben (Projektphasen):
• Setup Applikation
• Implementierung Lieferantenkatalog
• Single Sign On</td><td>Projektressourcen und –kosten:
<table>
<tr><th>Ressourcen-/Kostenart</th><th>Mengeneinheit</th><th>Kosten (€)</th></tr>
<tr><td>Personal</td><td>Personentage</td><td>145000</td></tr>
<tr><td>Software</td><td>Lizenzen</td><td>75000</td></tr>
<tr><td>Sonstiges</td><td></td><td>20000</td></tr>
</table></td></tr>
<tr><td>Projektauftraggeber:
• Herr PAG</td><td>Projektleiter:
• Herr PL</td></tr>
<tr><td>Projektteam:
• Herr X</td><td>Projektcoach:
Herr PJC</td></tr>
</table>

Abbildung 32: Projektauftrag

8.2.2 Projektzieleplan (Zweck und Beispielplan)

Der Projektzieleplan stellt dar, wie sich die Projektziele (und Nichtziele) im Projektablauf verändert haben. Damit sind Änderungen in den Zielen dokumentiert und nachvollziehbar. Auf diese Weise wird auch die Philosophie unterstützt, dass Ziele im Projektverlauf Änderungen unterliegen und auch unterliegen dürfen.

e-Procurement **1.3**	**PROJEKTZIELE-PLAN**	
Zielart	**Projektziele**	**Adaptierte Projektziele per ...**
Ziele	• Installation und Setup der e-Procurement Software • Bereitstellung/Empfang und Verarbeitung der Daten innerhalb des e-Procurement Systems und zur Schnittstelle a) e-Procurement Lösung zum vorhandenen ERP System b) e-Procurement Lösung zu NDS (Network Directory Service bzw. MSAD Microsoft Acitve Directory Service) • Notwendige Anpassungen der Standardsoftware Einrichten von Zusatzinformationen im e-Procurement -Katalog hinsichtlich Artikellagerfähigkeit und voraussichtlicher Lieferzeit • Dokumentation der Schnittstellen und Anpassungen (Customisations)	• Umstellung der Schnittstellen von XML auf Ascii File Format gemäß Change Request X
Nicht-Ziele	• Datenbank Administration • Rollout der Clients • Kundenschulung • Backup des Systems	•

Abbildung 33: Projektzieleplan

8.2.3 Beschreibung Vorprojekt und Nachprojektphase

Diese Übersicht dient sowohl der Abgrenzung der Vor- und Nachprojektphase, als auch der Sicherung von in der Vorprojektphase erworbenen Wissen.

e-Procurement 1.3	**BESCHREIBUNG VOR- UND NACHPROJEKTPHASE**
1)	**Beschreibung von Ergebnissen der Vorprojektphase**
	Das Projekt betreffende Entscheidungen/Ereignisse. Wie ist es zu dem Projekt gekommen? • Strategieprüfung zur Optimierung der Beschaffungsprozesse • Durchführung eines Workshops zur Spezifikation und Festlegung des genauen Leistungsumfanges für das Fixpreisangebot • Entscheidung für die Einführung eines e-Procurement Systems
	Für das Projekt relevante Dokumente • Lastenheft Version 1.6 vom 01.05.2001 • Workshopberichte und Protokolle vom September 2001 • Angebot Implementierung des e-Procurement Systems September 2001 • Projektantrag e-Procurement
	Erfahrungen aus ähnlichen Projekten • Projekteinführung e-Procurement Intern • E-Business Projekte
2)	**Beschreibung von Ergebnissen der Nachprojektphase**
	Was wird nach dem Projekt passieren (Folgeaktivitäten, -projekte, etc.)? • Ausweitung des Systems von 2 auf 20 Lieferanten innerhalb vom 6 Monaten nach Projektabschluss • Umstellung des Bestellworkflows von Fax auf EDI/XML Datenkommunikation • Implementierung von digitalen Signaturen bis 12 2002 • Roll Out der Lösung in anderen Ländern •

Abbildung 34: Beschreibung Vor- und Nachprojektphase

8.2.4 Projektumweltanalyse (Zweck und Beispielplan)

Da ein Projekt immer in ein soziales System eingebettet ist, stellt die Gestaltung der Projektumweltbeziehungen eine Herausforderung dar, welche durch das Projektmanagement abgebildet werden müssen. Ziel ist die Bestimmung der für das Projekt relevanten Umwelten.

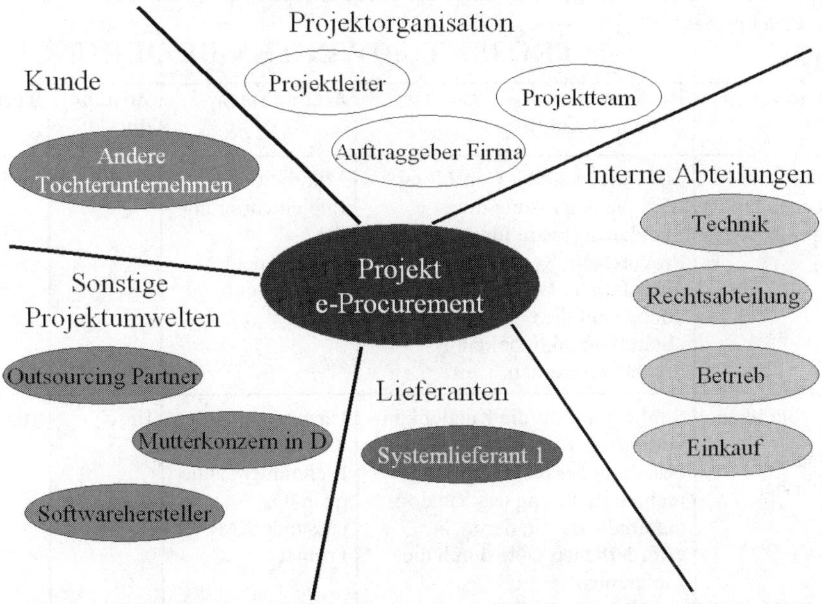

Abbildung 35: Projektumweltanalyse Graphik

Die Projektumweltanalyse ist ein Instrument, welches sowohl die Abbildung „weicher" Beziehungsfaktoren zu der relevanten Projektumwelt, als auch die strukturierte Erarbeitung von entsprechenden Maßnahmen unterstützt. Die Wichtigkeit der Beachtung und aktiven Auseinandersetzung mit der Umwelt des Projektes wird aus eigener Erfahrung oft unterschätzt (es kommt zu einer reinen Fokusierung auf die inhaltliche Arbeit).

e-Procurement 1.3 **PROJEKTUMWELTEN-BEZIEHUNGEN**				
Umwelten	**Beziehung** (Potential/Konflikt)	**Maßnahmen**	**Zustän-dig**	**Termin**
Software-hersteller	Softwarehersteller Consulting wird die Anpassung der Standardsoftware für e-Procurement Systeme durchführen. Etwaige Probleme können auf die „Standardfunktionalität“ geschoben werden.	Mitarbeit und Implementierung der e-Procurement Lösung beim Kunden	Hr. PL	14.11.01
Sublieferant Outsourcing Partner	Sublieferant für die Katalogkon-vertierung. Konfliktpotential besteht in der nicht terminge-rechten Lieferung des Katalog-materials bzw. in der nicht erforderlichen Güte durch die Lieferanten	Umsetzung und Konvertierung der Lieferantenkatalo ge in das passende XML Format	Hr. X	10.01.02
Technik	Aufzeigen neuer Anwendungsmöglichkeiten, Anpassungen des Systems auf die Kundenwünsche. Konfliktpotential dadurch gegeben, dass keine Änderung der Standards auch keine zusätzliche „Arbeit“ bedeutet.	Abstimmung mit dem Kunden, bildet das „Ohr“ beim Kunden, stets offen für Änderungen und Optimierungen des Systems	Hr. PL	04.03.02
Mutter-konzern	Gibt die globale Strategie für Einkaufslösungen auf Softwarebasis vor. Konfliktpotential besteht durch das Vorhandensein von ähnlichen Lösungen im Mutterkonzern und einer gewissen „Rivalität“	Regelmäßige Abstimmungs-gespräche und konstruktive Meetings für das Gesamtkonzept	Hr. PL	04.02.02

Abbildung 36: Projektumweltenbeziehungen

8.2.5 Beziehungen zu anderen Projekten (Zweck und Beispielplan)

An dieser Stelle erfolgt die Darstellung der Abhängigkeiten zu anderen Projekten. Dies hilft sowohl bei der Nutzung des Wissens aus anderen Projekten, als auch der Vermeidung von „Doppelgleisigkeiten“.

e-Procurement 1.3	BEZIEHUNGEN ZU ANDEREN PROJEKTEN			
Programme/ Projekte	**Beziehung/en** (Potential/Konflikt)	**Maßnahmen**	**Zuständig**	**Termin**
Einführung e-Procurement als Regelprodukt der Firma X	Anforderungen für die Einführung von e-Procurement als Regelprodukt=> Synergien mit dem Projekt bei dem Kundenprojekt	Umlage der Erfahrungen auf das laufende Projekt, Abklärung der Implementierung und Übernahme in das ERP System der umsetzenden Firma X	Hr. PL	Monatlich Beginnend mit dem 04.02.2002
Konsolidierung Produktmanagement des Konzerns im e-Business Beriech	Abstimmung des gesamten e-Business Portfolios innerhalb des Konzerns	Schaffung von Produktbündel über die gesamte Kette von Dienstleistungen des Konzerns, Straffung des Portfolios, nützen von Synergieeffekten	Hr. PL	Alle zwei Wochen beginnend mit dem 14.01.2002
Digitale Signaturen	Verwendung der Produkte im Bereich der digitalen Signaturen innerhalb des e-Procurement Systems	Transfer von Detailwissen und technischem Know How bezüglich einer Implementierung	Hr. PTM	04.03.2002

Abbildung 37: Beziehungen zu anderen Projekten

8.2.6 Projektergebnisplan (Zweck und Beispielplan)

Im Projektergebnisplan werden die wichtigsten Haupt- und Unterziele des Projektes aufgezeigt und bei Bedarf zur Steigerung der Übersichtlichkeit graphisch aufbereitet.

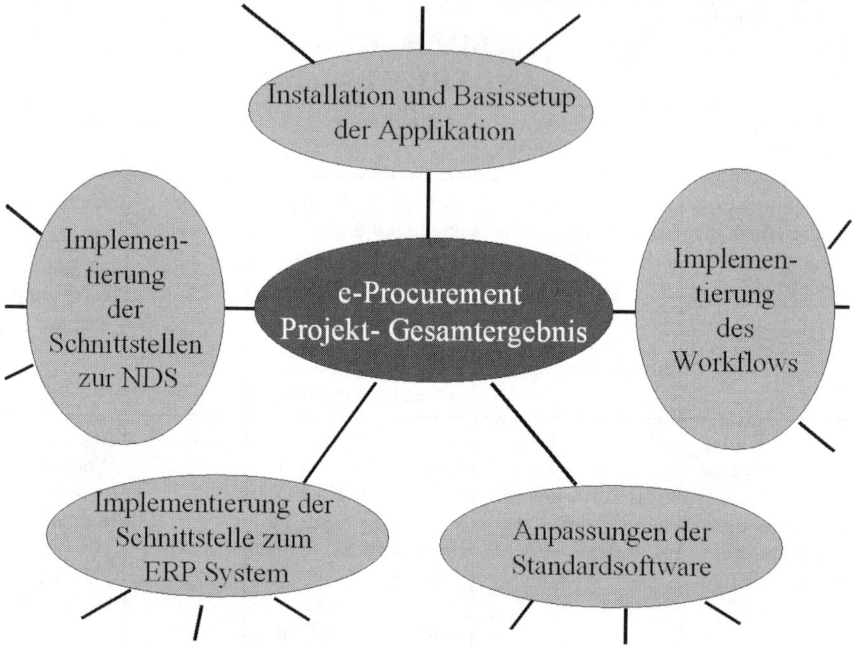

Abbildung 38: Projektergebnisplan Beispiel

8.2.7 Projektstrukturplan (Zweck und Beispielplan)

Der Projektstrukturplan ist ein zentrales Instrument zur Untergliederung der zu erfüllenden Aufgaben in plan- und kontrollierbare Arbeitspakete und Grundlage für Termin-, Kosten- und Ressourcenplanung.

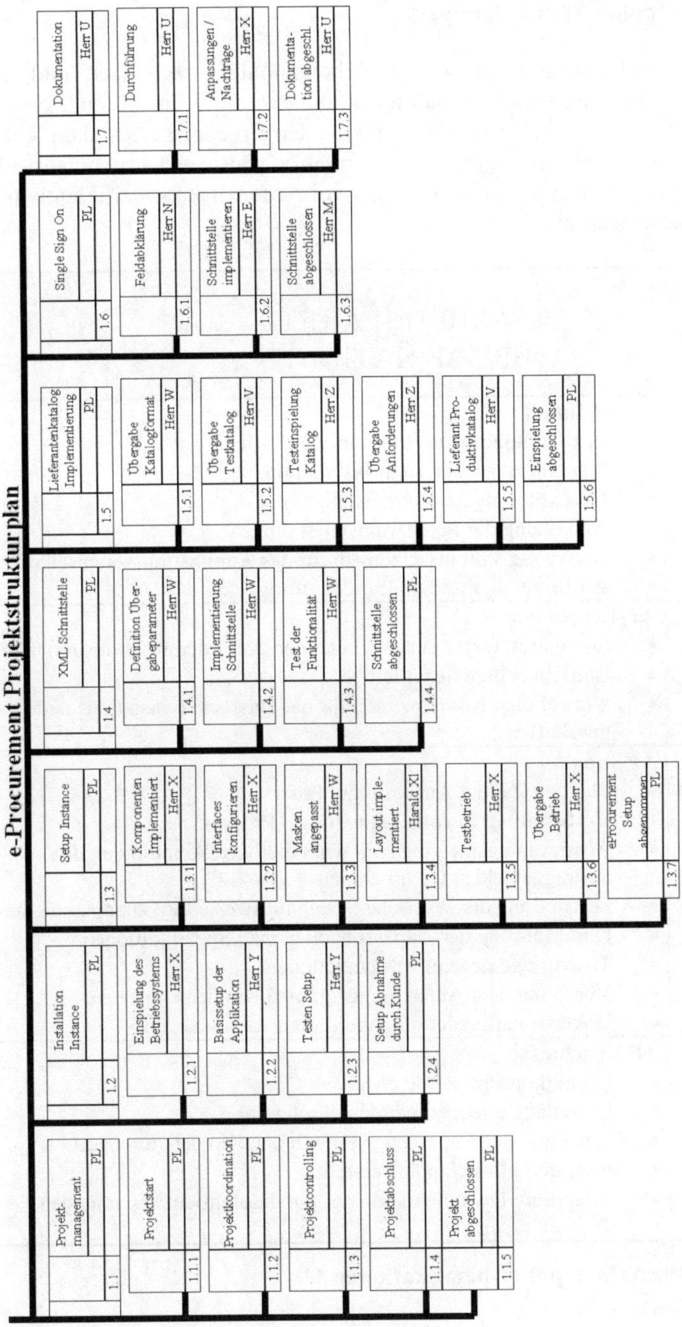

Abbildung 39: Projektstrukturplan

8.2.8 Arbeitspaket Spezifikationen

In Arbeitspaketspezifikationen werden Arbeitsinhalte, -ergebnisse und -ziele festgelegt. Arbeitspakete, welche inhaltlich komplexer strukturiert sind, bzw. bei welchen Unklarheiten bezüglich der zu erreichenden Ergebnisse bestehen, können in den Arbeitspaketspezifikationen sowohl inhaltlich als auch ergebnisorientiert genauer beschrieben werden. An Hand von zwei Arbeitspaketspezifikationen soll dies näher erläutert werden.

e-Procurement **1.3**	ARBEITSPAKET- SPEZIFIKATIONEN
1.2.1 **Einspielung des Betriebssystem und Einrichten des Systems**	**AP-Inhalt** • Vorbereitungsphase hinsichtlich Betriebssystem • Planung Betriebssystem Installation • Durchführung Standardinstallation • Anpassung der Standardinstallation • Notwende Vorraussetzungen für das Applikationssetup schaffen • Abstimmung mit dem Projektauftraggeber
	AP-Ergebnisse • Serverarchitektur entsprechend den Anforderungen ausgerichtet • Betriebssystem installiert • Notwendige Komponenten für das Basissetup installiert und geschaffen
1.3.3 **Ansichtsmasken entsprechend den Layout-wünschen des Kunden anpassen**	**AP-Inhalt** • Planung Layout Anpassungs- Prozess • Vorbereitung Layout Anpassungs- Prozess • Abstimmungsmeetings mit den beteiligen Abteilungen des auftraggebenden Unternehmens • Feststellung der Wünsche beziehungsweise Layoutanpassungen • Durchführung der Anpassungen gemäß Spezifikationen • Testvorlage gegenüber dem Kunden • Vornahme von Anpassungen gemäß Kundenwünschen • Dokumentation der durchgeführten Anpassungen
	AP-Ergebnisse • Layoutkonzept wurde erstellt • Layoutanpassungen wurden durchgeführt • Abnahme der Anpassungen durch den Kunden durchgeführt • Adaptierte Projektpläne erstellt • Adaptierte Dokumentation der durchgeführten Anpassungen abgeschlossen

Abbildung 40: Arbeitspaketspezifikationen I

e-Procurement 1.3	**ARBEITSPAKET-SPEZIFIKATIONEN**
1.4.3 Test der Schnittstellen-funktionalität	**AP-Inhalt** • Überprüfung aller Einstellungen der Schnittstelle hinsichtlich Laufzeiten (Zeitpunkt, Häufigkeit etc.) • Planung eines Funktionalitätstests für die Schnittstelle • Vorbereitungen für ausführliche Schnittstellentests schaffen • Durchführung des Schnittstellentests • Einholen von Bestätigungen über den erfolgreichen Verlauf von allen Verantwortlichen
	AP-Ergebnisse • Schnittstellentestszenario entworfen und festgelegt • Testbedingungen für die Schnittstelle geschaffen • Testzeitpunkt festgelegt und Information aller Beteiligten • Durchführung des Funktionalitätstests der Schnittstellen • Erklärung aller Beteiligten über das Funktionieren der Schnittstelle liegt vor

Abbildung 41: Arbeitspaketspezifikationen II

8.2.9 Projektfunktionen Diagramm (Zweck und Beispielplan)

Das Funktionendiagramm bietet eine Gesamtübersicht, wer an welchen Arbeitspaketen mitarbeitet bzw. wer für die Arbeitspakete die „Durchführungsverantwortung" trägt. Pro Arbeitspaket sollte es immer nur einen Durchführungsverantwortlichen geben! Mit Hilfe dieses Diagramms kann jeder Projektmitarbeiter „auf einen Blick" feststellen, an welchen Arbeitspaketen er selbst mitarbeitet bzw. für welche er die Durchführungsverantwortung trägt.

e-Procurement 1.3	PROJEKT-FUNKTIONEN-DIAGRAMM										
PSP-Cod	Rollen und Umwelten / AP-Bezeichnung	P AG	PL	Herr R	Herr S	Herr T	Herr U	Herr V	Herr Y	Herr Z	Dokumente
1.1	**PROJEKT-MANAGEMENT**										
1.1.1	Projektstart	M	D	M							
1.1.2	Projektkoordination		D	M							
1.1.3	Projektmarketing		D	M						M	
1.1.4	Projektcontrolling		D	M						M	
1.1.6	Projekt abgeschlossen	M	D	M						M	
1.2	**Installation Instance**										
1.2.1	Einspielung des Betriebssystems		M					D			
1.2.2	Basissetup der Applikation		K					D			
1.2.3	Testen Setup	M	K	M	M	M		D			
1.2.4	Setup durch Kunde abgenommen	M	D	M				M			
1.3	**Setup Instance**										
1.3.1	Komponenten implementieren		K		D	M		M			
1.3.2	Zugangsinterfaces konfigurieren		K		M	D					
1.3.3	Ansichtsmasken anpassen	M	K		D	M					
1.3.4	Layout implementiert		K		D	M					
1.3.5	Testbetrieb		K	M	D	M					
1.3.6	Übergabe in den Betrieb		K		D	M					
1.3.7	e-Procurement Setup abgenommen	M	D	M	M	M					

Abbildung 42: Projektfunktionendiagramm I

1.4	**XML Schnittstelle**										
1.4.1	Defintion der Übergabeparameter		M	M	M	D					
1.4.2	Implementierung		K		M	D					
1.4.3	Test Funktionalität	M	K	M	M	D					
1.4.4	Schnittstelle abgeschl.	M	D	M	M	M					
1.5	**Lieferantenkatalog**										
1.5.1	Übergabe des Katalogaufbauformates an Lief.		M		M	D					M
1.5.2	Übergabe Testkatalog		K			M					M
1.5.3	Testeinspielung Katalog		K	M		D					M
1.5.4	Übergabe Änderungsanforderungen an L.		M			M					D
1.5.5	Endkatalog Übergabe (L.)		K			M					M
1.5.6	Einspielung LK. abgeschl.		D	M		M					M
1.6	**Single Sign On**										
1.6.1	Klärung der notwendigen Felder für die Übernahme	M	M	M			M		D	M	
1.6.2	Schnittstelle implementieren		K				M	M	M	D	
1.6.3	SSO abgeschlossen		K	M			M		D	M	
1.7	**Dokumentation**										
1.7.1	Durchführung während des gesamten Projektes		K	M	M	M		M	M	D	
1.7.2	Anpassung/Nachtragungen		K	M	D	M					
1.7.3	Dokumentation abgeschl.	M	M	D	M	M		M	M	M	M

Abbildung 43: Projektfunktionendiagramm II

Dokumente	Funktionen	
1) Projekthandbuch	D	Durchführung
2) Projektfortschrittsbericht	M	Mitarbeit
	K	Koordination

8.2.10 Projektmeilensteindiagramm

Im Meilensteinplan sind die wichtigsten Ereignisse sowie die entsprechenden Termine zusammengefasst. Je nach Vorgehen bei der Planung sind die Termine entweder Grundlage für oder Ergebnis des Balkenplans – bzw. ergänzen diesen.

Des weiteren dokumentiert der Meilensteinplan die Änderungen der Termine im Projektverlauf.

e-Procurement 1.3	**PROJEKT-MEILENSTEINPLAN**			
PSP-Code	**Meilenstein**	Basis-Termine	**Aktuelle-Termine**	**Ist-Termine**
1.1.1	Projekt gestartet	01.10.01	01.10.01	01.10.01
1.2.4	Installation abgenommen	30.10.01	30.10.01	30.10.01
1.3.7	Setup durch Kunden abgenommen	21.12.01	21.12.01	21.12.01
1.4.4	Schnittstellen abgeschlossen	14.12.01	14.12.01	14.12.01
1.5.6	Lieferantenkataloge implementiert	03.04.02	03.04.02	03.04.02
1.6.3	Single Sign On abgeschlossen	21.01.02	21.01.02	21.01.02
1.7.3	Dokumentation abgeschlossen	03.04.02	03.04.02	03.04.02
1.1.5	Projekt abgeschlossen	08.04.02	08.04.02	08.04.02

Abbildung 44: Projektmeilensteinplan

8.2.11 Projektbalkenplan

Der Projektbalkenplan ist neben der Netzplantechnik eine der Möglichkeiten der Planung des Projektablaufs und der übersichtlichen Listung von Terminen. Grundlage hierfür ist der Projektstrukturplan mit den entsprechenden Arbeitspaketen. Bezüglich der Planungstiefe kann zwischen einer Grobplanung und einer Detailplanung unterschieden werden.

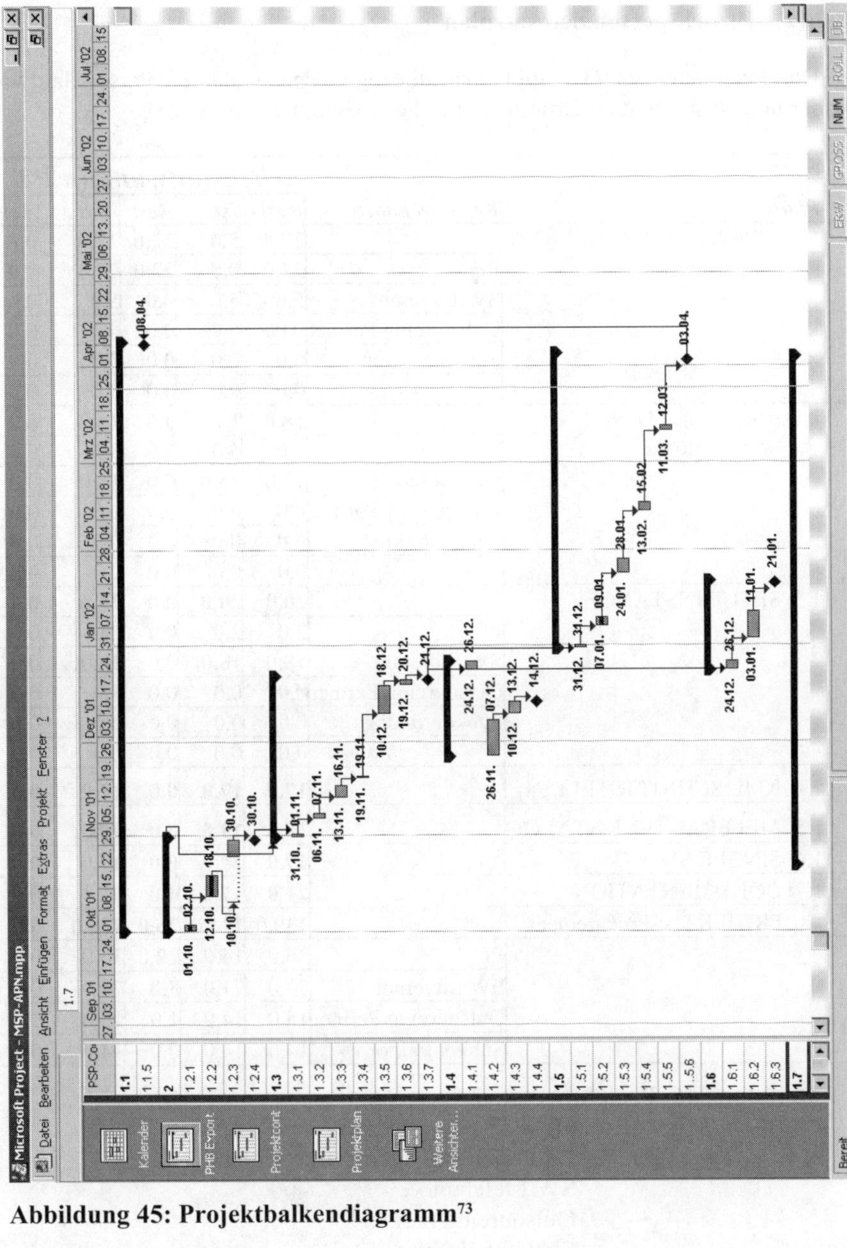

Abbildung 45: Projektbalkendiagramm[73]

[73] Erstellt mit Microsoft Project

8.2.12 Projektpersonaleinsatzplan

Der Personaleinsatzplan gibt phasenbezogen den geplanten Personalaufwand wider und ist somit auch Grundlage für die Kostenplanung.

		Arbeitsaufwand in PT				
Phase	***Ressourcenart***	***Basis***	***Ist***	***Rest***	***Aktu.***	***Abw.***
1.1 PROJEKTMANAGEMENT		**27,0**	**5,0**	**22,0**	**27,0**	**0,0**
	PE	22,0	0,0	22,0	22,0	0,0
	SW Lieferant	5,0	5,0	0,0	5,0	0,0
	Outsourcing Partner	0,0	0,0	0,0	0,0	0,0
	Subkontraktor	0,0	0,0	0,0	0,0	0,0
		0,0	0,0	0,0	0,0	0,0
1.2 INSTALLATION INSTANCE		**18,0**	**18,0**	**0,0**	**18,0**	**0,0**
	PE	3,0	3,0	0,0	3,0	0,0
	SW Lieferant	15,0	15,0	0,0	15,0	0,0
	Outsourcing Partner	0,0	0,0	0,0	0,0	0,0
	Subkontraktor	0,0	0,0	0,0	0,0	0,0
		0,0	0,0	0,0	0,0	0,0
1.3 SETUP INSTANCE		**20,0**	**20,0**	**0,0**	**20,0**	**0,0**
	PE	2,0	2,0	0,0	2,0	0,0
	SW Lieferant	18,0	18,0	0,0	18,0	0,0
	Outsourcing Partner	0,0	0,0	0,0	0,0	0,0
	Subkontraktor	0,0	0,0	0,0	0,0	0,0
		0,0	0,0	0,0	0,0	0,0
1.4 XML SCHNITTSTELLE		**17,0**	**17,0**	**0,0**	**17,0**	**0,0**
1.5 LIEFERANTENKATALOG		**19,0**	**19,0**	**0,0**	**19,0**	**0,0**
1.6 SINGLE SIGN ON		**17,0**	**17,0**	**0,0**	**17,0**	**0,0**
1.7 DOKUMENTATION		**21,0**	**17,0**	**4,0**	**21,0**	**0,0**
PROJEKT: e-Procurement		**139,0**	**113,0**	**26,0**	**139,0**	**0,0**
	PE	36,0	14,0	22,0	36,0	0,0
	SW Lieferant	74,0	71,0	3,0	74,0	0,0
	Outsourcing Partner	15,0	14,0	1,0	15,0	0,0
	Subkontraktor	14,0	14,0	0,0	14,0	0,0

Abbildung 46: Projektpersonaleinsatzplan

Legende: PE Projektmanagement/Projektentwicklung
SW Lieferant
Outsourcing Partner
Subkontraktor

8.2.13 Projektkostenplan

Die Projektkosten werden, untergliedert nach den verschiedenen relevanten Kostenarten, erfasst und dokumentiert.

Phase	*Kostenart*	***Kosten in* Euro (€)**				
		Basis	***Ist***	***Rest***	***Aktuell***	***Abw.***
1.1 PROJEKT-MANAGE-MENT		**28.161**	**5.215**	**22.946**	**28.161**	**0**
	Personal	28.161	5.215	22.946	28.161	0
	Software	0	0	0	0	0
	Sonstiges	0	0	0	0	0
1.2 INSTAL-LATION INSTANCE		**63.774**	**61.774**	**2.000**	**63.774**	**0**
	Personal	18.774	18.774	0	18.774	0
	Software	40.000	40.000	0	40.000	0
	Sonstiges	5.000	3.000	2.000	5.000	0
1.3 SETUP INSTANCE		**722.860**	**722.860**	**0**	**722.860**	**0**
1.4 XML-SCHNITT-STELLE		**18.731**	**18.731**	**0**	**18.731**	**0**
1.5 LIEF.-KATALOG		**34.817**	**34.817**	**0**	**34.817**	**0**
1.6 SINGLE SIGN ON		**19.731**	**19.731**	**0**	**19.731**	**0**
1.7 DOKU-MENTATION		**26.903**	**19.731**	**7.172**	**26.903**	**0**
PROJEKT: e-Procurement		**914.977**	**882.859**	**32.118**	**914.977**	**0**
	Personal	144.977	117.859	27.118	144.977	0
	Software	750.000	750.000	0	750.000	0
	Sonstiges	20.000	15.000	5.000	20.000	0

Abbildung 47: Projektkostenplan

8.2.14 Projektorganigramm

In einem Projektorganigramm kann die Organisationsform eines Projektes abgebildet werden. In einer neuen Form der Projektorganisation, der sogenannten „empowered" Projektorganisation, arbeiten die Mitglieder relativ autonom gemeinsam auf das Projektziel hin und sind auch gemeinsam für dieses verantwortlich. Relevante Umwelten werden mit einbezogen.

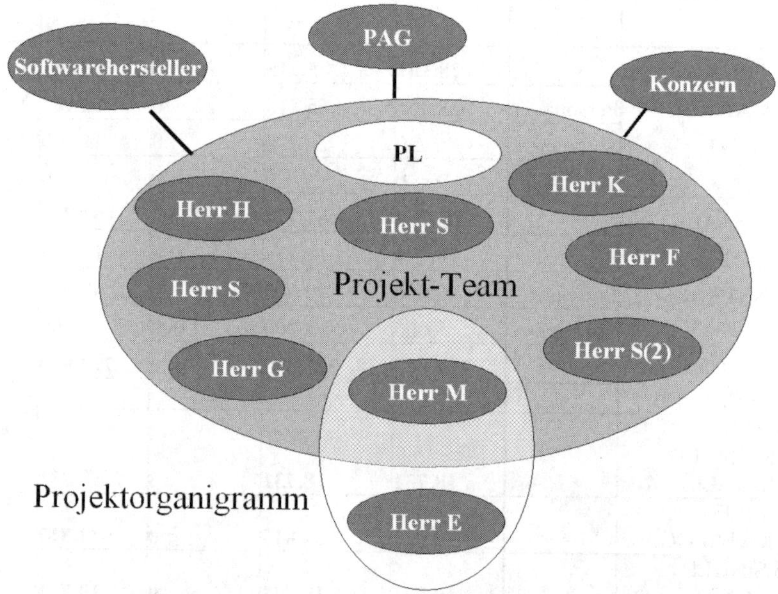

Abbildung 48: Projektorganigramm

e-Procurement 1.3	PROJEKT-ORGANISATION	
Projektrolle	**Name**	**Aufgabenbereiche**
Projektauftraggeber	Herr PAG	Projektverantwortlicher für e-Procurement bei dem Konzern
Projektleiter	Herr PL	Leitung des Projektes
Projektteam-mitglieder	Herr H Herr U	Koordination aller Aufgaben auf Seiten des Softwareherstellers Koordination aller Aufgaben auf Seiten des Outsorcing Partners
Projektmitarbeiter	Herr E Herr S	
Projektcoach	N.A.	

Abbildung 49: Projektorganisation

8.2.15 Projektkommunikationsstrukturen

e-Procurement 1.3 PROJEKT-KOMMUNIKATION				
Bezeichnung	**Ziele, Inhalte**	**Teilnehmer**	**Termine**	**Ort**
Projekt-auftraggeber-Sitzung	• Diskussion Projektstatus, Abweichungen im Projekt • Entscheiden aller aktuellen und Zukünftigem Entscheidungen • Freigabe Projektfortschrittsbericht	Herr PAG Herr PL Herr H	Ab 01.10.01 alle 4 Wochen und bei Problemen	Beim Kunden
Projekt-controlling-Sitzung	• Projektstatus • Controlling Leistungsfortschritt, Termine und Ressourcen, Kosten • Controlling der Umweltbeziehungen • Soziales Projektcontrolling • Diskussion übergeordneter Problemstellungen • Entscheidungsaufbereitung für Projektauftraggeber-Sitzung	Herr PL Herr H Herr F Herr S Herr M Herr S Herr G	Ab 01.10.01 alle 10 Tage und nach Verein-barung	Beim Kunden
Subteam-Sitzung	• Koordination des Single Log On Teams • Diskussion inhaltlicher Problemstellungen innerhalb dieses Gebietes	Herr M Herr E	Nach Bedarf	Büro-räume II

Abbildung 50: Projektkommunikation

8.2.16 Projektkultur / Projektspielregeln

Unter dem Gesichtspunkt eines Projektes als soziales System hat jedes Projekt eine Kultur. Diese Kultur kann als die Gesamtheit der Normen, Werte und Regeln eines Projektes definiert werden. Für jedes Projekt sollen von Beginn an bestimmte Regeln aufgestellt werden. Das hier gegebene Beispiel ist nur eine von vielen möglichen Varianten. Diese Version wurde der Projektmanagement Literatur von Next Level Consulting[74] entnommen.

---

[74] Vgl. Peschke (2001), Grundlagen des Projektmanagements

Symbol	Spielregel	Beschreibung
	Keine Stellvertreter	Wir entsenden keine Stellvertreter in unsere Sitzungen Sitzungstermine legen wir rechtzeitig fest und halten wir pünktlich ein (inkl. vereinbarten Pausen) Sollte ein Mitglied an einer Sitzung nicht teilnehmen, ist das Sitzungsteam auch ohne den Abwesenden beschlussfähig (Anwesende sind entscheidungsfähig) Sollte mehr als die Hälfte der Teilnehmer fehlen, wird die Sitzung abgesagt
	Kein Rauchen	In den Sitzungen rauchen wir nicht Pausenzeiten stimmen wir zuvor gemeinsam ab
	Keine Mobiltelefone	In den Sitzungen schalten wir die Mobiltelefone ab Sollte ein Teilnehmer erreichbar sein, wird dies vor der Sitzung vereinbart und das Mobiltelefon auf Lautlosbetrieb geschaltet (das Gespräch muss außerhalb des Sitzungsraumes geführt werden)
	Agenda und Protokolle	Für jede Sitzung haben wir eine Agenda vorbereitet, legen einen Moderator und einen Verantwortlichen für das Protokoll fest Die Agenda verteilen wir zumindest 2-3 Tage im voraus an alle Sitzungsmitglieder Das Protokoll solle zumindest innerhalb von 3 Tagen an alle Teilnehmer verteilt werden Bei Einwendungen zum Protokoll werden diese innerhalb von 3 Tagen an den Projektleiter gemeldet

	Kommunikation	Wir setzen primär e-Mail als Kommunikationsform ein Soweit möglich werden Ergebnisse via e-Mail verteilt, der Verteiler für bestimmte Dokumente, wie das Projekthandbuch, sollen möglichst früh definiert und im Dokument selbst oder in entsprechenden Protokollen festgehalten werden.
	Wir sind das e-Procurement Team	Wir versuchen die gemeinsam definierten Ziele als Projektteam zu erreichen und jeder fühlt sich für die Ergebnisse des gesamten Projekts verantwortlich (auch wenn der Projektleiter dem Projektauftrag-geber gegenüber letztverantwortlich ist) Wir „vermarkten" gemeinsam das Projekt (die einzelnen Teammit-glieder stehen hinter dem Projekt) Konflikte tragen wir innerhalb des Teams aus und eskalieren diese ge-gebenenfalls an den Projektleiter oder Projektauftraggeber (Konflikte innerhalb des Teams werden nicht über die Linie ausgetragen, gegenüber „Projekt-externen" tritt das Team einheitlich auf) Im Team wird offen kommuniziert, „sensible" Informationen müssen als solche definiert werden - diese werden dann auch nicht nach außen getragen

8.2.17 Projektdokumentation

Die Projektdokumentation dient, wie der Name schon sagt, der Dokumentation sämtlicher Abläufe, Ergebnisse, Protokolle etc. eines Projektes.

Bereich	Beschreibung
Ablage	• Die zentrale Projektablage befindet sich am Server-Laufwerk • Die Ablage wird endsprechend dem PSP strukturiert. Das Projekt wird zunächst in die Projektphasen gegliedert und innerhalb der Phasen in die Arbeitspakete. Diese Ablagestruktur gilt für die gesamte Projektdokumentation und ist verpflichtend. • Arbeitsdokumente können strukturiert lokal abgelegt werden. • Sobald ein Dokument ein präsentierbares Zwischenergebnis erreicht, sollte es jedoch in den zentralen Projektordner gestellt werden.
Zugriffs-berechtigung	• Der Projektleiter und das Projektteam haben technisch volle Zugriffsrechte auf das Projektverzeichnis, organisatorisch legt der Projektleiter aber die Zuständigkeiten und Befugnisse für Arbeitspakete und Dokumente fest. • Es wird differenziert in Dokumentenersteller, welche Schreib- und Leseberechtigung haben und alle anderen Projektbeteiligten, welche nur leseberechtigt sind
Namens-konvention	• Als Namenskonvention gibt es nur geringe Einschränkungen. Es soll allen Beteiligten sofort das Projekt erkenntlich sein und welches die letztgültige Version eines Dokuments ist. • FORMAT: SP_xxx_v00_010101 - SP ... Standard Projekt - xxx ... Aussagekräftige Dokumentenbezeichnung - v00 ...Version 0.0 (Version 1.0 für erstes freigegebenes Dokument) - 020305 ... Erstellungs-/Veränderungsdatum (5. März 2002)
Spielregeln	• Die Teammitglieder sollten immer wieder über neue Dokumente oder grundlegend geänderte Dokumente informiert werden. • Werden Dokumente nur innerhalb des Projektteams verteilt, ist ein Link auf die zentrale Server-Ablage durchaus ausreichend, um eine redundante Datenhaltung zu vermeiden. • Grundsätzlich ist der Projektleiter für die Projektkoordination verantwortlich. Dokumente die an andere (als das Projektteam) verteilt werden, sollten über den Projektleiter laufen. Der Projektleiter ist für das Projekt die primäre Kontaktstelle nach außen.

8.2.18 Projektstart Workshop

Zu Beginn eines Projektes soll in jedem Falle immer ein Projektstart Workshop abgehalten werden, um ALLEN an dem Projekt Beteiligten die Möglichkeit zu bieten, sich kennen zu lernen. Es können erste Kontakte in den notwendigen Bereichen geknüpft und erste Punkte angesprochen werden. Die Durchführung eines Projektstart Workshops ist für die Verbesserung der Kommunikation einer der wesentlichsten Aspekte eines Projektes. Er ist auch für die Kommunikation der wesentlichen Ziele und Vorgaben für alle am Team beteiligten unerlässlich.

Für weitere Informationen zum Themenbereich Projektmanagement (den einzelnen Methoden, Analysen, Bewältigungsstrategien bei Problemen etc.) möchte ich auf diverse Fachliteratur zu dem Themengebiet – insbesondere auf die genannten Quellen verweisen.

9 B2B Standards im e-Procurement Umfeld

9.1 Die Entstehung von B2B Standards

Durch die massive Unterstützung von Forschungsaktivitäten durch die öffentliche Hand (vor allem in den USA) wurden viele international auch noch heute gültige Standards geschaffen. Ein ebenso großer Vorteil für die Entstehung von Standards war das anfänglich sehr schwache Interesse der Computerindustrie für Software. In den Anfängen war Software nur ein unbedeutender Teil des Hardwaregeschäftes und wurde maximal dazu verwendet, die Hardwareabsätze anzukurbeln. In diese Zeit fielen auch sehr viele bedeutende Entwicklungen, ohne welche wir heutzutage nicht mehr bei unserer täglichen Arbeit auskämen. Ein maßgebliches Institut für Forschungsfragen ist bis heute das ARC (Augmentation Research Center), welches zum Beilspiel für folgende Entwicklungen verantwortlich ist[75]:

- verteiltes E-Mail und Mailinglisten (5 bzw. 7 Jahre vor ARPAnet);
- Maus als Eingabegerät, 16 Jahre vor der Einführung durch Apple;
- Entwicklung einer "Fensterumgebung", 20 Jahre vor Microsoft;
- Konzipierung einer Hyperlink-Dokumentenstruktur, 25 Jahre vor dem WWW

Als die kommerzielle Bedeutung der Software jedoch stieg, zogen sich das Militär und der Staat aus der Forschung in diesen Bereichen immer mehr zurück. Basierend auf ehemals offenen Standards und Softwareprodukten, welche die Forschung als alleinigen Zweck ansahen, wurden immer mehr proprietäre Standards geschaffen. Ohne diese Entwicklung hin zu proprietären Systemen und Standards hätte Microsoft niemals diese Marktmacht erreichen können, welche das Unternehmen heute hat.

Erst in den letzten Jahren ist wieder eine Trendumkehr zu bemerken. Auch Softwarehersteller haben (teils freiwillig – teils unter Druck anderer Softwarehersteller oder auf Grund von anstehenden Verfahren) die Vorteile von internationalen Standards und offenen Schnittstellen erkannt und setzen diese vermehrt ein. Unternehmen wie auch staatliche Einrichtungen setzen wieder vermehrt auf Open Source Software und internationale Standards im B2B Umfeld.

Ein Standard wird als proprietär bezeichnet, wenn man zu dessen Nutzung eine Lizenz unterschreiben muss, keine Kopien mit anderen Nutzern austauschen darf

[75] Vgl. Newman (2001), The Origins and Future of Open Source Software

und nicht erfährt, wie das dahinterliegende System arbeitet. Die Grundidee der Bestrebungen in Richtung von offenen Standards ist jene freier Software, gemeinsamen Gedankenaustausches über das Internet und der Wille, mit Hilfe von offenen Standards, technische Probleme zu lösen.

In diesem Kapitel werden nun sowohl proprietäre als auch offene Standards, welche für e-Procurement Systeme und den elektronischen Datenaustausch zwischen Unternehmen von Relevanz sind, vorgestellt.

9.2 Unterschiedliche Standards und Protokolle für den Datentransfer

Innerhalb der letzten zwei Jahre hat sich XML immer mehr zu dem Standard für Transaktionen übers Internet zwischen Unternehmen entwickelt. Zusätzlich haben sich auch viele Erweiterungen zum XML Standard etabliert. Die meisten der mehr als 100 Erweiterungen in dem XML Umfeld ergaben sich aus den branchenspezifischen Bedürfnissen von Industrien für einen universellen Datenaustausch. Ich möchte nun auf einige dieser Standards näher eingehen.

9.3 UDDI (*www.uddi.org*)

UDDI ist eine Initiative von führenden Herstellern der Branche (Microsoft, Sun, IBM und vielen weiteren bedeutenden Unternehmen). UDDI steht für Universal Description, Discovery and Integration. UDDI wird scherzhalber auch von vielen als die „Gelben Seiten des Internet“ bezeichnet[76] und ist Internet Standard für Unternehmensinformationen.

Im Prinzip handelt es sich bei UDDI nur um ein XML basierendes Verzeichnis, in welchem Produkte und Dienstleistungen besser als bisher durch ausgereifte Beschreibungs- und Suchmechanismen angeboten und abgerufen werden können. Firmen können sich selbst und ihre Produkte als auch ihre Dienstleistung im Internet beschreiben und diese Informationen dann im besonderen auch über das Internet verfügbar machen. Des weiteren wurde ein Datenbanksystem entworfen, welches diese Informationen speichert und aus welchem diese Informationen selbstverständlich auch abrufbar sind. Diese Verzeichnisse sollen bestehenden Systemen von CommerceOne oder Webmethods Konkurrenz machen. Die Datenbanksysteme werden derzeit von den Hauptinitiatoren dieser Initiative geführt und gewartet. Das Verzeichnis gibt Unternehmen ebenfalls die Möglichkeit, schon von vornherein zu wissen, welche Art von Software für eine mögliche Transaktion mit einem bestimmten Geschäftspartner notwendig ist. Dadurch wird durch den neuen Standard auch eine Art Marktplatz gegründet. In diesem „virtuellen Branchenbuch” lassen sich die Informationen, welche gespeichert sind, in drei Hauptkategorien unterteilen:

---

[76] Vgl. Heise Newsticker (2001), Update für E-Business Standard UDDI

- White Pages: enthalten die Kontaktinformationen
- Yellow Pages: enthalten die typischen Informationen, welche man in den gelben Seiten findet
- Green Pages: enthalten die technischen Informationen über die angebotenen Services

Die Evolutionsstufen von UDDI können der unten angeführten Abbildung entnommen werden. Weitere Stützen dieses Modells bilden das Simple Open Access Protocol (SOAP), welches ebenfalls auf XML basiert und über Remote Procedure Calls (RPC siehe Kapitel 5.2.2) erlaubt, Anwendungen oder Module über das Internet anzusprechen und auszuführen[77]. Diese Protokolle ermöglichen die Entwicklung von Cross-Plattform Anwendungen.

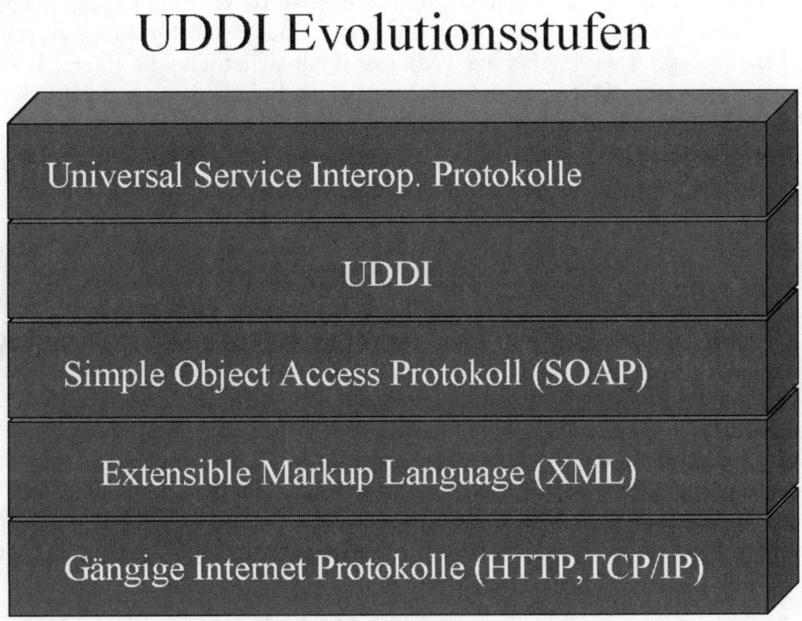

Abbildung 51: UDDI Evolutionsstufen[78]

Die Bedeutung von UDDI ist derzeit, wie bei vielen Standards, noch nicht absehbar. Auch hier hängt alles von der zunehmenden Verbreitung dieses Standards ab. UDDI ist der vorläufige Höhepunkt bei der Entwicklung eines „Web-Service-Stacks“.

[77] Vgl Reibold (2000), UDDI, http://www.zdplanet.de

[78] Vgl. UDDI (2001), UDDI Technical White Paper

9.4 Biztalk (*www.biztalk.org*)

Der Biztalk Standard wurde alleine von Microsoft ins Leben gerufen. Viele Konkurrenten von Microsoft sehen darin eine Gefahr für den XML Standard und bündeln ihre Aktivitäten in der Oasis Vereinigung. Nur wenige gehen davon aus, dass die Biztalk Initiative eine Gefahr für XML als Standard bedeuten könnte. Ein Problem besteht derzeit in der unsicheren Rechtslage bezüglich des Entwurfes von XML Schemata innerhalb der Biztalk Initiative. Diese werden nämlich automatisch zum geistigen Eigentum der Initiative – sprich gehören Microsoft. So liegt der Ball wieder einmal bei den Kunden und Unternehmungen, welche der Microsoft Initiative zum Durchbruch verhelfen sollen. Viele Große der Branche wie Ariba, Baan und Boing unterstützen die Microsoft Initiative. Der Beitritt von Ariba zu der Initiative wertete die Initiative dadurch auf, dass sie auf das Bestellwesen speziell entworfene commerce XML (CXML) in Biztalk integrierten und cXML bereits von vielen Unternehmen, welche sich für Ariba entschlossen haben, eingesetzt wird. Aber auch Microsoft hat sicherlich kein Interesse an einer Aufspaltung des XML Standards. Der Biztalk Standard wird sicherlich seinen Platz als Standard der elektronischen Datenübermittlung bekommen. Auch elektronische Marktplätze bieten diesen Standard (als eine unter vielen Möglichkeiten) ihren Kunden für den Datenaustausch an.

9.5 Oasis / XML.org (www.oasis-open.org / *www.xml.org*)

Die **O**rganization for the **A**dvancement of **S**tructured **I**nformation **S**tandards wurde von IBM, SUN, Oracle, Informix, Software AG sowie weiteren namhaften IT Unternehmen gegründet, in dem Bestreben, den Einfluss der XML.org zu erhöhen. Sie soll einen Gegenpol zu Microsofts Biztalk Initiative schaffen. Viele Softwareunternehmen sind aber angesichts der Bestrebungen und des starken Auftritts von Oasis und Biztalk noch unentschlossen und beteiligen sich daher sicherheitshalber gleich bei beiden Initiativen. Ein Beispiel hierfür bildet SAP (*www.sap.de*). Aus taktischen Gründen trat sogar Microsoft als passives Mitglied der XML.org beziehungsweise OASIS bei.

Eine große Stärkung erhielt die XML.org durch eine Vereinbarung der Vereinten Nationen, innerhalb welcher die Vereinten Nationen ein Projekt namens Electronic Business XML (ebXML) gestartet haben[79]. Unter der Führung von UN/Cefact ist bereits der internationale EDI Standard EDIFACT entstanden. Innerhalb dieses Projektes soll ein Framework für den Datenaustausch zwischen Firmen via XML erarbeitet werden. Des weiteren hat ebenfalls das RosettaNet Konsortium seine Unterstützung für die Initiative und ebXML (*www.ebxml.org*) bekanntgegeben.[80]

---

[79] Vgl. OASIS (2001), www.oasis-open.org und www.ebxml.org

[80] Vgl. Geyer (2001), ebXML Messaging Services Specification gains RosettaNet Support

9.6 RosettaNet (www.rosettanet.org)

Der Stein von Rosetta (welcher aus dem Jahre 198 nach Christus stammt) hat es im Jahr 1822 [81] ermöglicht, die Schriftzeichen (Hieroglyphen) der alten Ägypter zu entziffern. Zwei Männer dieser Zeit haben zusammen mehr als 30 Jahre investiert, um eine Sprache aus längst vergangenen Tagen wieder zum Leben zu erwecken.

Abbildung 52: Der Stein von Rosetta[82]

Eine der Problematiken in den heutigen e-Business Anwendungen ist nach wie vor der Datenaustausch zwischen den einzelnen Unternehmen bzw. Systemen in Bezug auf Dienstleistungen und Angebote. Abbildung 53 zeigt einen Interface-Vergleich der Kommunikation zwischen Mensch und Maschine.

[81] Vgl. Britannica (2001), www.britannica.com

[82] Quelle: Britannica (2001), www.britannica.com

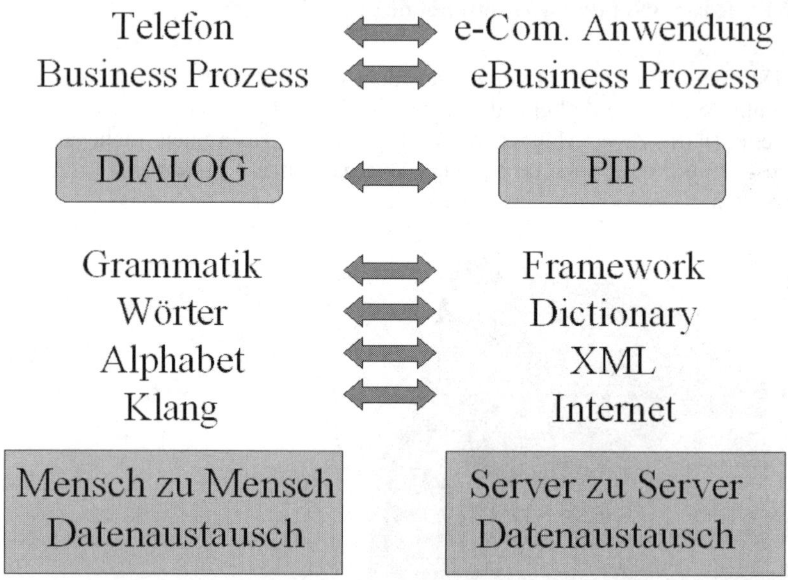

Abbildung 53: Interface-Vergleich der Kommunikation[83]

Das RosettaNet verfolgt ein anderes Ziel als zum Beispiel die OBI Initiative[84]. OBI (siehe Kapitel 9.7) hat zum Ziel, die geschäftlichen Transaktionen zwischen zwei Geschäftspartnern zu regeln, während RosettaNet versucht, einen allgemein gültigen Standard für die IT Branche und für e-Commerce zu definieren.

Es soll durch genaue Beobachtungen und Dokumentationen eine Lösung gefunden werden, welche die innerbetrieblichen Anpassungen minimieren und den Aufwand für Back End Systemintegration möglichst gering halten kann. Die gefundene Lösung wird zuerst von den Mitgliedern des Konsortiums innerhalb der eigenen Unternehmen eingesetzt und anschließend an beteiligte Partnerunternehmen und Lieferanten etc. weitergegeben. So soll der Kreis dieses Standards immer weiter gezogen werden. Der Standard wird also erst langsam durch „Evolution" entwickelt. Das RosettaNet hat zwei Managing Boards. Eines für EC und eines für IT:

Das EC Board:
Das EC Managing Board besteht aus Vertretern verschiedener Bereiche wie:

- Halbleiter-Lieferanten
- Spediteure
- Kunden

---

[83] Vgl. RosettaNet (2000), RosettaNet Technical Dictionary, Seite 5
[84] Vgl. RosettaNet (2000), RosettaNet Technical Dictionary, Seite 5f.

- Konnektoren-Lieferanten
- Passive Lieferanten

Das IT Board:
Das IT Managing Board besteht ebenfalls aus Vertretern vieler Gebiete wie:

- Produzenten
- Finanzsektor
- Enduser
- Großhändler
- Wiederverkäufer
- Software-Entwickler

Jede der beteiligten Firmen stellt Spezialisten bei, welche die Ideen zuerst innerhalb der eigenen Unternehmen umsetzen und dann auch die Weiterverbreitung an die Geschäftspartner forcieren. RosettaNet stellt ein Master Dictionary zur Verfügung, welches für alle Unternehmen in gleichem Maße geeignet ist. In der Praxis wird vor der Anpassung das vorhandene System überprüft und die möglichen Einsparungsmerkmale werden errechnet. Anschließend wird ein Modell der technischen Umsetzung erstellt. Zusätzlich werden zwei Dictionaries erstellt. Das eine enthält sämtliche Produktinformationen, während das andere über Informationen betreffend die Kundenbeziehungen verfügt.

9.7 OBI (*www.openbuy.org*)

Open Buying on the Internet ist ein Standard, welcher von Unternehmen wie Microsoft, IBM, HP, VISA, XEROX und anderen Unternehmen im Jahre 1996 ins Leben gerufen wurde. Die Beweggründe für die Gründung lagen in dem Verlangen, eine schnelle und einfache Möglichkeit der Datenübertragung zu finden, welche plattformunabhängig ist und möglichst leicht in vorhandene Infrastrukturen eingebettet werden kann.

Für den Zugriff auf die Produkte eines Anbieters genügt ein einfacher Web Browser. OBI unterstützt HTML wie auch XML. Für den Datenaustausch werden Formate verwendet, welche auf dem EDIFACT Standard basieren. Bei OBI handelt es sich um normale Einkaufslösungen, wie wir sie heutzutage bei großen B2C (Business to Consumer) Portalen finden. Die Übertragung der Daten basiert nicht auf dem normalem HTML Standard, sondern werden im SSL (Secure Socket Layer) Format übertragen. Zusätzlich werden PKI Systeme (digitale Signaturen siehe Kapitel 11.1) eingesetzt[85].

Im Falle des Einkaufs werden von dem Käufer über den Online Katalog des Verkäufers die persönlichen Daten (wie Name, Anschrift, Email) verschlüsselt

---

[85] Vgl. OBI Consortium (2001), Open Buying on the Internet – Executive Summary

übertragen. Zu beachten ist, dass der (Katalog-)Server des Verkäufers automatisch Zertifikate anfordern muss, welche dann der Browser des Käufers übernimmt. Die Daten werden mit den gespeicherten Kundendaten verglichen und bei Übereinstimmung wird der Zugang auf ausgesuchte Katalogseiten gewährt. Dann kann der potentielle Käufer die benötigten Waren in den Warenkorb legen. Dadurch ist es möglich, unterschiedlichen Personen, unterschiedliche Artikel, zu unterschiedlichen Preisen anzubieten. Nach der Übernahme der gewünschten Produkte in den Warenkorb wird eine EDI kompatible Anfrage gestartet, welche in ein OBI Objekt eingebettet wird. Dieses wird dann mittels HTTP und SSL an den Verkäufer übertragen. Diese Daten werden verarbeitet und über ein in ein OBI eingebettetes EDI Formular wieder an den Server des Verkäufers übermittelt. Die Bestellung ist somit abgewickelt, und die Zahlung wird über die "Payment Authority" durchgeführt. Den geschilderten Ablauf kann man dem untenstehenden Diagramm entnehmen.

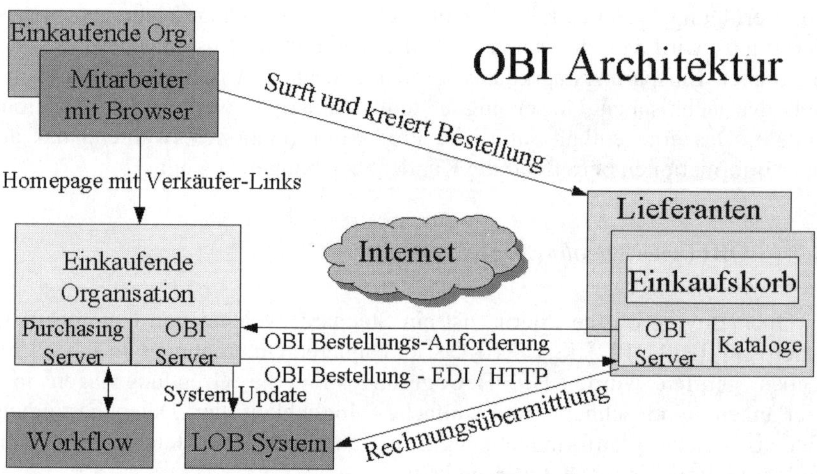

Abbildung 54: OBI Architektur[86]

9.8 OpenTrans (*www.opentrans.org*)

Die OpenTrans Geschäftsdokumente werden wie der BMECat durch das e-Business Standardization Committee entwickelt und in Kooperation mit dem BMECat veröffentlicht. Die verwendeten Geschäftsdokumente sind kompatibel zu bestehenden BMECat Erweiterungen[87]. Es werden dieselben Felder und Strukturen verwendet. Standardisierte Geschäftsdokumente sollen so zwischen

---

[86] Vgl. Kim (2000), Microsoft e-Business and OBI Präsentation

[87] Vgl. OpenTrans (2001), OpenTrans Spezifikation V.0.91, www.opentrans.org

Unternehmungen und elektronischen Marktplätzen ausgetauscht werden können. Zu den standardisierten Dokumenten gehören in erster Linie Rechnung, Lieferschein, Auftragsbestätigungen etc.

Ob dieser vergleichsweise neue Standard eine Chance hat gegen so „alte" und „verbreitete" Standards wie EDIFACT zu bestehen, bleibt abzuwarten. Den Vorsprung der anderen Standards aufzuholen wird kein leichtes Unterfangen sein.

9.9 IOTP (*www.iotp.org*) bzw.OTP (*www.otp.org*)

Das Internet Open Trading Protocol (IOTP), anfangs mit OTP bezeichnet, gehört zu einer Liste von Offenen Standards, welche vom Internet Engineering Task Force (IETF) in Zusammenarbeit mit mehreren Unternehmen entwickelt wurde. Die neue Version IOTP berücksichtigt gegenüber dem Vorgänger OTP im besonderen die Erfordernisse des Internets. Es werden sämtliche Abläufe des Handels abgebildet und darüber hinaus alle einzelnen Schritte beschreibbar. Dabei ist dieser Standard unabhängig von Zahlungssystemen und unterstützt gängige Systeme wie Cybercash, SET oder Digicash. Gemäß IOTP Spezifikationen gibt es am beteiligten System Akteure, Transaktionsformen, Datenaustausch und Dokumentenaustausch. Es werden „Trading Roles" vergeben, welche die handelnden Partner identifizieren.

9.10 XML (*www.xml.org*)

Bei XML handelt es sich um eine textbasierte Meta-Auszeichnungssprache, die es ermöglicht, Daten bzw. Dokumente derart zu beschreiben und zu strukturieren, dass sie - vor allem über das Internet - zwischen einer Vielzahl von Anwendungen ausgetauscht und weiterverarbeitet werden können.[88] Bei XML handelt es sich um eine Metasprache, welche eine beliebige Vielzahl konkreter Auszeichnungssprachen für die unterschiedlichsten Arten von Dokumenten definiert. Es können Inhalt und Struktur von Dokumenten so genau beschrieben werden, dass es nicht notwendig ist, die zur Weiterverarbeitung von Daten benötigten Informationen in die Anwendungen zu integrieren. So wird ein einfacher Datenaustausch und eine Weiterverwendung der Daten ermöglicht. Den Daten werden quasi die zu ihrer Nutzung notwendigen Informationen gleich mitgegeben. XML ist ebenso Grundlage für die Verwendung von Metadaten, welche zu einer erhöhten Interoperabilität unterschiedlicher Anwendungen führt.

---

[88] Vgl. Buxbaum (2001), XML – Konzept und Anwendungen

9.11 EDIFACT

Informationen zum EDIFACT Standard und zu EDI können Kapitel 7.3.2.3 und Kapitel 9.14.1 entnommen werden.

9.12 Der Kampf der Standards

Applikationsspezifische Standards wie zum Beispiel Ariba's cXML und CommerceOnes xCBL und das RosettaNet Konsortium (PIPs) und zahlreiche andere oben beschriebene Standards kämpfen um die Gunst der Unternehmen. Welcher Standard oder besser gesagt welche Standards sich durchsetzen werden, steht in den Sternen und wird sich in der Zukunft weisen. Nach den Rückschlägen für die e-Business Branche der letzten Zeit wird es jedoch sicherlich zu einer Reduzierung der großen Anzahl von derzeit parallel existierenden Standards kommen. Ich möchte hier nun über die oben im Detail angeführten Standards noch eine kurze Beschreibung zu eventuell neu hinzukommenden Standards bieten.

Neue Standards für den Finanzsektor befinden sich derzeit in der Entwicklungsphase. Als Beispiel hierfür kann FpML (Financial products Markup Language) angesehen werden. Es gibt auch hybride EDIFACT Standards wie XEDI und XML/EDI, um nur zwei Vertreter zu nennen. Ebenfalls beachtenswert sind andere Entwicklungen von auf XML basierenden Standards, in welchen XML verschiedene Levels (horizontal und vertikal) in Bezug auf Unternehmens- und Technologieintegration anspricht.

Junge Initiativen wie UDDI (Universal Description, Discovery und Integration) bilden eine Spezifikation, welche einen globalen, plattformunabhängigen und offenen Rahmen für einen schnellen und unkomplizierten Datenaustausch ermöglichen. Eine dynamische Geschäftsabwicklung steht im Vordergrund, wobei von allen Parteien die bevorzugten Applikationen verwendet werden können.

Ebenfalls neu vorgestellt wurde die Trading Partner Agreement Markup Language (tpaML). tpaML wird verwendet, um elektronische Verträge zu definieren und zu implementieren. tpaML basiert auf dem Trading Partner Agreement (TPA), welches Transport, Dokumentenaustausch und Unternehmensprotokolle zwischen Handelspartnern definiert.

Directory Services Markup Language (DSML) ist eine Markup Sprache, welche Directory Services in XML ausdrückt. DSML hilft XML basierenden Applikationen beim Nutzen von Directories. Es hat auch einen entscheidenden Vorteil gegenüber dem Lightweight Directory Access Protocol (LDAP). LDAP bietet nur den Zugriff auf Directory Informationen, während DSML hingegen sowohl das Lesen als auch das Verstehen von Directory Inhalten ermöglicht.

XML-RPC ist eine Spezifikation und ein Set an Implementationen, wodurch Software auf verschiedenen Operating Systemen angewendet werden kann, und Procedure Calls über das Internet abgewickelt werden. Dieses Remote Procedure Call verwendet HTTP als Transport und XML als Encoder.

Weiters gibt es das Simple Object Access Protocol (SOAP), welches vom W3C (dem World Wide Web Consortium) initiiert wurde. Dieses beschreibt ein XML/HTTP basierendes Protokoll für den Zugriff auf Services, Objekte und Server in einer Plattform unabhängigen Art und Weise.

Soviel zu einzelnen international akzeptieren XML Standards. XML kann jedoch von Unternehmen bei weitem noch nicht als Universalmittel angesehen werden, um Applikationen über das Inernet zu integrieren. XML ist ein guter Anfang in der Entwicklung eines einheitlichen Standards. Auf lange Sicht gibt es durch XML eine Lösung für das universelle und einfache Anbinden von elektronischen Handelsnetzwerken mit Unternehmenspartnern und Lieferanten, welche auf eine individuell aufgebaute Kommunikationsarchitektur abzielen. XML ist den älteren Technologien aufgrund seiner Flexibilität und zukünftigen Erweiterbarkeit weit voraus.

Auf jeden Fall ist XML die Antwort auf Business-to-Business Interoperabilität. XML ermöglicht den einfachen Austausch von Daten, gewährleistet leichtes Lernen und Programmieren und es spricht verschiedene Levels der Unternehmensintegration an.

9.13 Durchsetzung von Standards

Verteidiger von offenen Standards haben immer Open Source Standards und deren Relevanz verteidigt. Aber trotz aller offenen Standards, welche sich im Open Source Umfeld entwickelt haben, ist es auch heute noch ein Problem, ein Unix Programm, welches für Solaris geschrieben wurde, auf einem HP (ehemals Compaq) Alpha Server oder auf einem HP-UX Server laufen zu lassen.

Microsoft hat es immerhin trotz seines proprietären Ansatzes geschafft, dass eine Softwarelösung, welche dem Win32 Standard entspricht, sowohl auf einem PC als auch auf einem RISC Server läuft und es egal ist, ob die Hardware von Compaq, HP oder IBM stammt. Auf Grund der langen Zeiten für Spezifikationen im Open Source Umfeld und der langen Dauer bis ein Standard wirklich als ein solcher betrachtet werden kann, hat es Microsoft ebenfalls geschafft seine Systeme als Alternative zu dem „UNIX mess“ zu etablieren[89].

[89] Vgl. Ascendent (2001), Standards, http://www.illuminata.com

Die ganze Debatte um die Standards hört sich ein wenig wie der Kampf um die Vorherrschaft von IBM auf dem PC Sektor vor zwei Dekaden an. Aber ob wir ohne IBM heute dort wären, wo wir sind, wage ich zu bezweifeln. Offene Standards zu haben mag sich zwar gut anhören, aber proprietäre Standards haben ihre Vorteile und ihren Platz in der IT Landschaft verdient.

Wenn die größten Softwarehersteller der Welt wie SAP nun auch immer mehr offene Standards unterstützen und ebenfalls Schnittstellen zu Konkurrenzprodukten einführen wollen,[90] so ist das ein Schritt in die richtige Richtung auf dem Weg in eine Zukunft, in welcher sich die Frage nach proprietären oder offenen Standards in dieser Art und Weise vielleicht gar nicht mehr stellen wird. Die Zukunft wird in dieser Hinsicht sicherlich so einiges an Überraschung für uns parat haben.

9.14 B2B e-Commerce Lösungen

Im Laufe der letzten Jahre ist eine Vielzahl von Lösungsansätzen aufgekommen, welche die elektronischen Unternehmensaktivitäten innerhalb verschiedener Organisationen unterstützen. Electronic Data Interchange (EDI) war der erste Ansatz, welcher verbreitete Anerkennung genoß und überall angenommen wurde. Inzwischen entwickelt sich das Internet verstärkt zu einem rentablen Medium für das Abwickeln von Geschäften und das Bilden von Geschäftsbeziehungen. Ein Modewort, welches in diesem Zusammenhang in letzter Zeit gerne verwendet wird, ist Collaborative Commerce (CC). Darunter wird die über einfachen Datenaustausch zwischen Geschäftspartnern hinausgehende integrierte Zusammenarbeit auf elektronischer Basis zwischen beteiligten Unternehmen verstanden. Als Beispiel kann die gemeinsame Entwicklung von neuen Produkten oder Services angesehen werden. Auf Grund der neuen Technologien und Arbeitsweisen lässt sich die Zeit bis zur Markteinführung von Produkten erheblich reduzieren (Time to Market wird auf ein Minimum reduziert).

In der heutigen, sich immens schnell verändernden, Geschäftswelt spielen Geschäftsbeziehungen und Partnerschaften eine Schlüsselrolle für die Unternehmensentwicklung. Partnerschaft kann durch eine straffere Integration einerseits innerhalb ein und derselben Organisation, andererseits auch zwischen miteinander nicht verbundenen Handelsunternehmen erreicht werden. Eine wichtige Erkenntnis ist, dass es nicht eine Lösung gibt, die allen Situationen der Geschäftsführung und Bildung von Geschäftsbeziehungen gerecht werden kann.

Es können also verschiedene Strategien verfolgt werden, um Geschäftsbeziehungen zwischen unterschiedlichen Firmen elektronisch zu implementieren. Das impliziert viele technische Herausforderungen, wie zum Beispiel das Integrieren von heterogenen Systemen, Kommunikationsprotokollen, Daten-

[90] Vgl. Computerwoche (2001), Unsere Feinde müssen keine Angst haben

formaten, Geschäftsprozessen, Sicherheitslösungen und Autorisierungsregeln in Bezug auf Firewalls und ähnlich gelagerten Themen. Ich möchte kurz einige Strategien anführen, welche weltweit von Unternehmen angewandt werden:

EDIFACT: Ein Set an Standardprotokollen und Methodologien für den Dokumentenaustausch von Unternehmen. EDIFACT ist am besten geeignet für lose miteinander verbundene Organisationen, die eine langfristige Geschäftsbeziehung miteinander pflegen. Weitere Informationen zum EDIFACT Standard und zu EDI können Kapitel 7.3.2.3 und Kapitel 9.14.1 entnommen werden.

Klassische Middleware: Produkte und Technologien zur Bildung verbreiteter Unternehmensapplikationen und zum Integrieren multipler Unternehmenssysteme. Klassische Middleware ist sehr gut geeignet für unternehmenseigene Applikationen oder innerhalb eng miteinander verbundener Organisationen mit langfristigen Geschäftsbeziehungen.

XML Middleware: Verwendet den Austausch von XML Dokumenten über das Internet, um Unternehmenssysteme zu integrieren. Diese Form ist ebenfalls sehr gut geeignet für lose miteinander verbundene Unternehmen mit langfristigen Geschäftsbeziehungen.

9.14.1 EDIFACT Lösungen

EDIFACT war, wie bereits erwähnt, der erste elektronische Ansatz, welcher weltweit angenommen und angewandt wurde. EDIFACT ermöglicht den Transfer von Informationen zwischen Unternehmen in einem Standardformat, das von EDV Systemen gelesen werden kann. Früher setzten EDIFACT Systeme sehr hohe Investitionskosten voraus. Heutzutage gibt es aber sehr günstige EDIFACT-Web Applikationen, welche sogar Kleinunternehmen einen kostengünstigen Zugang zu EDIFACT Lösungen ermöglichen. Unternehmen, welche heute Geld in eine EDI (EDIFACT) Lösung investieren, müssen auch keine Angst haben, dass ihre Investitionen auf Grund des immer stärker eingesetzten XML Standards überflüssig werden könnten, da alle EDI Konverter der führenden Anbieter sowohl über EDIFACT als auch XML Möglichkeiten verfügen. Für einen Umstieg sind nur geringe Anpassungsarbeiten vorzunehmen. Für eine Vielzahl von Transaktionen ist EDIFACT auch der derzeit vom Gesetzgeber einzig zugelassene Standard. Dies gilt in Österreich zum Beispiel für die elektronische Übertragung von Rechnungen. Hierfür ist EDIFACT (neben der Schriftform) vorgeschrieben, und derzeit XML noch nicht zugelassen. Abbildung 55 zeigt eine Möglichkeit des vollautomatischen Datenaustausches bei mehreren beteiligten Parteien.

Abbildung 55: Vollautomatischer Datenaustausch durch EDI

Einer der wichtigsten Gründe zum Einsatz von EDIFACT ist das Erhalten von langfristigen Beziehungen zwischen Unternehmungen, da so die Systeme enger integriert werden können und folglich ein schnellerer „turn-around" erreicht wird. Dies gilt für das gesamte Spektrum des elektronischen Datenaustausches von Einkaufsaufträgen, Versandbenachrichtigungen, Rechnungslegung bis hin zu allen Unternehmenstransaktionen, welche benötigt werden.

Für das Managen von großen Mengen an unterschiedlichen Dokumenten ist EDI schneller, genauer und um einiges kosteneffizienter als auf Papier basierende Systeme. Der Faktor "Ort" verliert an Wichtigkeit. Es ist nicht mehr wichtig, wo auf der Welt die Unternehmen ihren Sitz haben. Dokumente können problemlos elektronisch als EDIFACT Transaktionen innerhalb von kürzester Zeit gesendet werden. Es existieren Standards für Datenformate, welche für alle Industrien gelten. Gleichgültig, ob es sich um Produktionsfirmen oder Einzelhändler, Universitäten oder Spitäler handelt. Informationen können einfach, schnell und ohne Komplikationen ausgetauscht werden.

9.14.2 Die klassische Middleware

Infrastrukturen werden als Middleware-Plattformen bezeichnet, wenn sie zwischen der Anwendung und dem Betriebssystem liegen und dem Programmierer eine einfache, sichere und flexible rechnerübergreifende Verteilungsplattform bieten.

9.14.2.1 *Beispiele für Middleware-Dienste*

- Printmanager[91]
- e-Mail Server
- Authentifizierungs-Server (zum Beispiel von Zertifizierungsdienstanbietern)

9.14.2.2 *Charakteristika von Middleware*

- Middleware stellt Dienste zur Verfügung, welche die Verteilung von Anwendungen unterstützen
- Middleware ist plattformübergreifend (statisch und dynamisch)
- Middleware setzt auf Standard-Schnittstellen und -Protokolle (z.B. TCP/IP)
- Middleware stellt Anwendungen und Benutzern Standard-Schnittstellen zur Verfügung

Middleware ist eine Softwarelösung zur Integration von Applikationen, welche eine oder mehrere der folgenden Technologien anwenden können:

- Message-orientierte Middleware (MOM)
- RPC Mechanismen (siehe Kapitel 5.2.2)
- Object Request Brokers (ORBs)
- Transaction monitors (TPs)
- Publish/Subscribe Technologie
- Push Technologie und andere Lösungen.

Eine Middleware Lösung kann als gestuftes Client-Server Model (siehe Kapitel 5.1.2) oder als „Spaghetti“ Modell konzipiert sein. Hierbei wird ein einzelner Server mit mehreren Klienten verbunden. Der Server erledigt dann anfallende Arbeit in zwei bzw. drei Stufen. Middleware Lösungen haben ihre Stärken und Schwächen.

9.14.3 XML Middleware

Traditionelle Middleware Technologien erzeugen eng miteinander verbundene Unternehmensnetzwerke und ermöglichen dadurch eine nahtlose Integration. Dies beruht auf einer Art proprietären Format, um Daten darzustellen. Dabei werden Adaptoren zur Formatumwandlung eingesetzt. Die Errichtung von locker miteinander verbundenen Unternehmensnetzwerken mit Hilfe des Middleware Ansatzes wird derzeit in der Praxis nur vereinzelt eingesetzt, da die Integration teilweise kompliziert durchzuführen ist. Der XML Ansatz eröffnet interessante Möglichkeiten. Am Markt befinden sich viele Produkte, die auf diesem Ansatz der Integration basieren. XML Middleware Lösungen eignen sich gut für eine B2B Integration von Unternehmen über „Firewalls“ hinweg.

---

[91] Vgl. Universität Hamburg (1997), Middleware Architekturen

10 Integrationsstufen von e-Procurement Lösungen

B2B Integration impliziert eine oder mehrere Applikationen, welche in einem gemeinsamen Rahmen zusammenwirken müssen. Dieser Integrationsrahmen sorgt für die gemeinsame Plattform, um Verbindungen zu erzeugen, gemeinsame Daten zu speichern, Meldungen von einem Punkt zum anderen zu senden, Sicherheit, Autorisierung und andere gemeinsame Funktionen zu gewährleisten. Durch die Beobachtung von B2B Integrations-Implementierungen können wir Schemata beobachten, welche gut durch eines der folgenden drei Modelle beschrieben werden können:

- Applikationsintegration
- Datenintegration und
- Prozessintegration

10.1 Applikationsintegration

Wenn eine EAI Lösung erweitert wird, um eine B2B Lösung zu ermöglichen, dann spricht man von Applikationsintegration. Hier spielt ein sogenannter Integrations-Broker eine Schlüsselrolle bei der Verlinkung von unterschiedlichen Unternehmen. Eine solche Lösung kann einen einzelnen Broker in Anspruch nehmen, welcher von beiden Unternehmungen kontaktiert wird (mit dem Vorteil, dass Sicherheits- und Firewall Lösungen überbrückt werden) oder über mehrere Broker (welche alle eine andere Unternehmung repräsentieren) abgewickelt werden. Ausschlaggebend ist die Existenz einer Plattform, welche die Applikationen integriert. Diese kann sich über mehrere Unternehmen hinweg erstrecken und eine nahtlose B2B Integration ermöglichen. Das Datenformat kann sowohl proprietär gestaltet sein als auch über offene XML Lösungen abgewickelt werden.

10.2 Datenintegration

In dieser Art der Integration können die Unternehmen aufgrund von Firewall Restriktionen nicht direkt miteinander kommunizieren. Die Kommunikation ist nur über ein autorisiertes Gateway hinter der Firewall der Firmen möglich.

10.3 Prozessintegration

Die Prozessintegration sieht das Problem aus dem Prozess-Blickwinkel. Normalerweise kann ein Prozess, welcher von einem System begonnen wird, innerhalb desselben Systems fertiggestellt werden. Alternativ kann aber auch ein anderes System zur Prozessdurchführung herangezogen werden. In einer Partnerschaft fungiert ein System als Host für den Prozess oder kann alternativ die Rolle eines Koordinators übernehmen, bzw. als Broker den Prozessfluss innerhalb des Partnernetzwerks kontrollieren. In einem anderen Ansatz kann jeder Partner über eigene Prozess-Broker verfügen. Diese Broker können via „public shared process events" miteinander kommunizieren.

Applikationsintegrations-Lösungen sind sehr nützlich, um integrierte Wertschöpfungsketten aufzubauen. CRM (Customer Relationship Management) und ERP (Enterprise Ressource Planning) Lösungen von zusammenarbeitenden Unternehmen werden heute bereits über Integrationslösungen abgewickelt. Datenintegrationslösungen sind am meisten verbreitet, da lose Beziehungen und auf Datenaustausch basierende Standards leichter zu realisieren und zu integrieren sind.

Prozessintegration ist jedoch der nächste Schritt, mit welchem sich Unternehmen weltweit derzeit beschäftigen. SCM (Supply Chain Management) Lösungen sind neben CRM Lösungen die derzeit gefragtesten Produkte. Viele Softwareanbieter wie zum Beispiel WebMethods, Siebel, Oracle oder SAP haben Lösungen dieser Art in ihrem Produktportfolio. Referenzbeispiele belegen die enormen Einsparungseffekte und Verbesserungsmöglichkeiten, welche diese Systeme mit sich bringen.

11 Weitere wesentliche Technologien

Neben den bereits in vorangegangenen Kapiteln diskutierten Standards und standardisierten Protokollen möchte ich in diesem Kapitel auf weitere wesentliche Technologien bzw. Standards eingehen, welche für eine erfolgreiche Umsetzung eines e-Procurement Projektes zwar nicht unbedingt notwendig sind, aber viele Aspekte vereinfachen. Diese Technologien geben mehr Rechtssicherheit und ersparen den Abschluss von zusätzlichen Verträgen, um etwaige auftretende Rechtsunsicherheiten zu umgehen. Andere Technologien erhöhen die Sicherheit bei der Übertragung von für das Unternehmen (und den Einkaufsbereich) kritischen Informationen.

11.1 Digitale Signaturen

e-Business und e-Commerce Anwendungen sind besonders abhängig von sicheren Konzepten und Lösungen, welche die Bedingung für eine Akzeptanz sowohl auf Mitarbeiterseite als auch auf Dienstleistungsanbieterseite (im Falle von e-Procurement Lösungen der Lieferanten) darstellen. Digitale Signaturen werden im e-Procurement Bereich dazu eingesetzt, um:

1. die bisherige Unterschrift von Mitarbeitern, Vorgesetzten und Bereichsleitern auf Bestellanforderungen adäquat zu ersetzen
2. die Bestellung vor der Übertragung zu den Lieferanten rechtsgültig zu unterzeichnen, um Unregelmäßigkeiten und etwaige Rechtsprobleme sowohl auf Lieferantenseite als auch auf Einkäuferseite auszuschließen.

Ziel dieses Kapitels soll ein kurzes Aufzeigen der Möglichkeiten des Einsatzes von digitalen Signaturen im e-Business bzw. im e-Procurement Bereich sein. Eine digitale Unterschrift ist das elektronische Pedant zur eigenhändigen Unterschrift. Eine digitale Signatur ermöglicht in erster Line vier wesentliche Aspekte einer Transaktion, welche bisher über den Weg der manuellen Unterschrift abgedeckt wurden.

11.1.1 Kriterien einer digitalen Signatur

- User Authentifizierung
- Privatheit der übertragenen Daten
- Datenintegrität
- Nichtabstreitbarkeit.

11.1.1.1 User Authentifizierung

Wenn die User Authentifizierung einen Schwachpunkt im System darstellt, dann steht „Hackern" die Tür zu dem gesamten System offen. Dies könnte dazu führen, dass Daten ausgelesen und missbräuchlich verwendet werden bzw. dass bestehende Daten verändert werden. Am Authentifizierungsprozess hängen sich auch alle anderen Kriterien der e-Procurement Lösung an. Die Mitarbeiter, deren Kostenstellen sowie die daraus resultierenden Vorgesetzten und Genehmigungshierarchien sind userabhängig. Sollte es hier eine Schwachstelle geben, dann ist das gesamte System unsicher.

11.1.1.2 Privatheit der übertragenen Daten

Wenn wir über die e-Procurement Lösung Einsicht in das bereits verwendete Budget und die laut Budget noch verplanbaren Mittel nehmen, dann ist es möglich diesbezügliche Informationen mit entsprechenden Empfehlungen und Kommentaren an Kollegen weiter zu mailen. Hierbei will man natürlich nicht, dass es anderen Personen möglich ist, Einsicht in diese Daten zu nehmen. Eine der wesentlichen Eigenschaften von Security Lösungen ist eben, dass Informationen vor der Übertragung verschlüsselt werden können und nur vom für die Daten bestimmten User auf seinem Device wieder entschlüsselt werden können. Verschlüsselungsmechanismen und Hacking Tools, welche diese Schlüssel knacken können, liefern sich ein permanentes Kopf an Kopf Rennen, welches hauptsächlich von der Rechenleistung verwendeter Systeme abhängt. Die Verwendung von signierten und entsprechend verschlüsselten e-Mails stellt aber in Normalfall eine bei weitem ausreichende Sicherheitsmaßnahme dar.

11.1.1.3 Datenintegrität

Ein weiterer essentieller Faktor von Signatur Lösungen ist die Datenintegrität. Diese gewährleistet, dass die Daten auf ihrem Weg vom System zum User nicht verändert worden sind. Der User muss darauf vertrauen können, dass die Daten nicht verändert werden können. Wenn bei einem e-Business Betreiber oder dem Lieferanten, welcher über eine e-Business Lösung verfügt, heutzutage nachgewiesen werden könnte, dass die per e-Mail versendeten Daten beim Transport verändert wurden, hätte dies enorme Auswirkungen auf die Reputation des Dienstleistungsbetreibers. Datenintegrität wird heutzutage durch eine Kombination von „Digitalen Signaturen" und bestimmten „Hashing-Methoden" erreicht. Diese Hashing-Methoden bilden zum Beispiel die Quersumme des Originaltextes versehen mit dem aktuellen Zeitstempel – derart erzeugte „Hashes" lassen sich derzeit so gut wie unmöglich künstlich generieren.

11.1.1.4 Nichtabstreitbarkeit

Darunter (englisch: non-repudiation) wird die Garantie verstanden, dass der Sender einer Nachricht nicht behaupten kann, er hätte diese Nachricht nicht versendet. Auf diese Weise können zwischen zwei Personen rechtsgültige Verträge geschlossen werden. Gerade bei e-Procurement Lösungen, wo permanent

Bestellungen durch einzelne Mitarbeiter getätigt werden, gibt dies den Lieferanten aber auch den „Bestellern" eine enorme Rechtssicherheit.

11.1.2 Verschlüsselung und kryptographische Systeme

Verschlüsselungssysteme entstanden aus dem Bedarf heraus, Kommunikation sicher zu machen und unbeteiligte Dritte von dem Inhalt der Kommunikation auszuschließen. Sichere Kommunikation erfordert alle vier Kriterien (siehe oben): User Authentifizierung, Privatheit der übertragenen Daten, Datenintegrität, Nichtabstreitbarkeit. Obwohl kein Sicherheitsmechanismus alle Kriterien alleine bewerkstelligen kann, können heutige Sicherheitssysteme diesen Anforderungen als Gesamtlösung gerecht werden.

11.1.2.1 Begriffsdefinition Verschlüsselung und kryptographische Systeme

- *Kryptographie* ist die Kunst Nachrichten geheim zu halten.
- *Cryptanalysis* ist die Kunst Nachrichten zu entschlüsseln, ohne den eigentlichen Schlüssel zu kennen.
- Kryptographie beschäftigt sich mit allen Aspekten von sicheren Nachrichten, Authentifizierung, digitalen Signaturen, elektronischen Zahlungsmitteln und ähnlichen Anwendungen.
- Unter *Verschlüsselung* wird das Umwandeln einer Nachricht in eine Form verstanden, bei welcher alle, außer dem Nachrichtenempfänger, vom Lesen der Nachricht abgehalten werden. Unter *Entschlüsselung* wird das Zugänglichmachen von Information für eine bestimmte Person verstanden. Sowohl Ver- als auch Entschlüsselung machen von einem Schlüssel Gebrauch, welcher alleine das Zugänglichmachen der ver- bzw. entschlüsselten Nachrichten ermöglicht.

11.1.3 Asymmetrische Verschlüsselung (Public Key)

Bei der Asymmetrischen Verschlüsselung werden für die Ver- und die Entschlüsselung zwei verschiedene Schlüssel verwendet, während bei der symmetrischen Verschlüsselung derselbe Schlüssel sowohl für die Ver- als auch für die Entschlüsselung verwendet wird. Praktisch alle Anbieter von Digitalen Signaturen bzw. digitalen Signaturlösungen basieren auf asymmetrischen Verfahren bzw. PKI Verfahren.

Das PKI System in seinen Grundzügen wurde von zwei Mitarbeitern der Stanford University im Jahre 1976 entworfen. Bei ihrem System wurde für die Ver- und die Entschlüsselung nicht mehr ein und derselbe Schlüssel verwendet, sondern zwei unterschiedliche. Zusätzlich wurde der Schlüssel zur Verschlüsselung auch öffentlich zugänglich gemacht. Dies brachte dem Verfahren auch seinen Namen Public Key Infrastructure (PKI) ein. Die Aufgabe, diese Schlüssel heutzutage allen zugänglich zu machen, übernehmen sogenannte Zertifizierungsdienstanbieter.

Der Schlüssel zur Verschlüsselung wird als Public Key bezeichnet, jener zur Entschlüsselung als Private Key oder Secret Key. Durch das Zugänglichmachen des Public Key wird die Verschlüsselung ermöglicht, für die Entschlüsselung wird jedoch der Private Key benötigt.

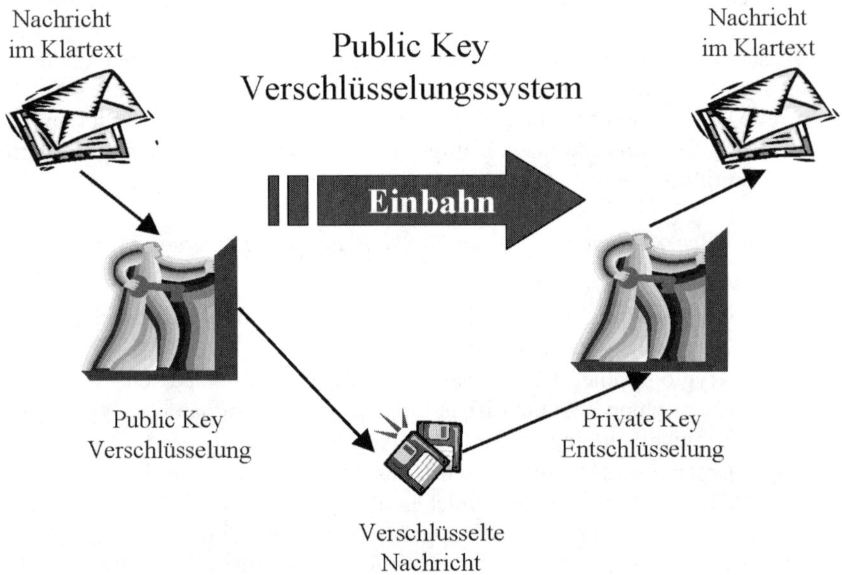

Abbildung 56: Public Key Verschlüsselungssystem

Auf Grund dieses Systems ist die Anzahl der benötigten Schlüssel um ein Vielfaches niedriger als bei symmetrischen Verfahren, da pro User nur ein Public- und ein Private Key benötigt wird. Aber symmetrische Verfahren sind bei der Durchführung sowohl der Ver- als auch der Entschlüsselung den PKI Systemen überlegen. Oft werden auch beide Verfahren kombiniert und es kommen sogenannte Hybridsysteme zum Einsatz. Die am häufigsten verwendeten PKI Systeme basieren auf patentierten Algorithmen der RSA.

11.1.3.1 RSA Schlüssel

Der RSA Schlüssel wurde 1978 von **R**ivest, **S**hamir und **A**dleman (vom MIT) veröffentlicht. Auf Grund seiner hohen Sicherheit wird der RSA Key (mit mindestens 1024-bit) sehr häufig bei digitalen Signaturlösungen eingesetzt.

11.1.4 Der Einsatz von digitalen Zertifikaten in der Praxis

In der Praxis würde ein Unternehmen zur Sicherung aller innerbetrieblichen Transaktionen und der innerbetrieblichen Kommunikation bei einem Zertifizierungsdienstanbieter für sämtliche Angestellten dieses Unternehmens digitale

Signaturen in Verbindung mit einer Chip Karte ordern. Alle Arbeitsplätze müssten zu diesem Zwecke mit den entsprechenden Karten-Lesegeräten ausgestattet werden.

Dies ist derzeit möglich unter sämtlichen (üblichen) Betriebssystem-umgebungen und in Verbindung mit jeder möglichen Hardware. Der Anschluss der Kartenleser ist über serielle Schnittstelle über einen Einbau-Slot, über PCMCIA Karten oder in letzter Zeit besonders beliebt über die USB Schnittstelle möglich. Der Mitarbeiter müsste bei jeder anfallenden Transaktion seine Signaturkarte eingesteckt haben. Diese Lösungen sind aus dem Bankenbereich bekannt, wo es für ein erfolgreiches Arbeiten notwendig ist, eine gültige Signaturkarte eingesteckt zu haben. In Verbindung mit einem Passwort / Pin kann auch auf die Login-Prozeduren im Unternehmensnetzwerk verzichtet werden. Alles was benötigt wird, ist die Signaturkarte in Verbindung mit dem korrekten Pin.

Derzeit verwenden, entsprechend einer Umfrage von PWC, nur 27 % der europäischen Unternehmen, welche e-Procurement Lösungen im Einsatz haben, digitale Signaturen, um die Transaktionen zu den Lieferanten sicherer zu gestalten[92]. Dies ist eine gute Nachricht für alle Zertifizierungsdienstanbieter, da diese innerhalb der nächsten Jahre mit einer starken Erhöhung der Nachfrage nach digitalen Signaturlösungen rechnen können.

Bei einer Lieferanten-Integration mittels digitaler Signaturen ist selbstverständlich darauf zu achten, dass der Lieferant über dieselben Möglichkeiten des Empfangs und des Unterzeichnens mit Hilfe von digitalen Signaturen verfügt.

11.2 Sichere Übertragung der Daten

Die Sicherheit der übertragenen Daten ist ein weiteres wesentliches Kriterium für den Einsatz von e-Procurement Systemen. Die heute eingesetzten Desktop Purchasing Systeme verfügen über die Möglichkeit, die Daten über gesicherte Protokolle wie SSL zu übertragen. Diese Technologie bewirkt, dass die Daten aller Beschaffungsvorgänge genauso wie bei der Einsicht in ein Online Bankkonto in einem gesicherten Bereich ablaufen, innerhalb dessen die Daten nicht eingesehen oder verändert werden können. Bei Desktop Purchasing Systemen ist die Möglichkeit einer Einsichtnahme ohnehin schon durch die Tatsache eingeschränkt, dass die Software zumeist nur auf Servern eingesetzt wird, welche über das Unternehmensnetz erreichbar sind. Dadurch ist die Möglichkeit eines externen Hackangriffes von vornherein reduziert.

---

[92] Vgl. Potter (2000), PWC, Security Biggest Obstacle to growth in e-Procurement

Entsprechend einer Umfrage von PriceWaterhouseCoopers ist die Sicherheit immer noch die größte Hürde bei der Implementierung von e-Procurement Lösungen. Mehr als 25 % der über 400 europaweit befragten Unternehmen[93] gaben an, dass Sicherheitsfragen der größte Hemmschuh für ein verstärktes Engagement im e-Procurement Bereich sei. Chris Potter von PWC hat diesen Aspekt so formuliert:[94] „Entsprechend unserer Umfrage ist es das Vertrauen, welches sowohl die Möglichkeiten als auch die Grenzen bei e-Procurement Lösungen diktiert. Vertrauen ist in einer e-Business Umgebung wichtiger als je zuvor, aber es kann nicht in „Internet Geschwindigkeit" erworben werden. Es muss auf Beziehungen, Marken und physischer Verfügbarkeit beruhen." Dies sind für alle traditionsreichen Lieferanten und Unternehmen gute Nachrichten. Die reinen Internet Unternehmen (Dot.coms) haben dies in letzter Zeit auch deutlich zu spüren bekommen. Dies belegen die enormen Entlassungswellen in reinen Internetfirmen. Für alle schon sehr lange am Markt tätigen Unternehmen mit guten Beziehungen zu den Kunden stellt dies natürlich eine ausgezeichnete Nachricht dar.

Fast alle am Markt derzeit gängigen e-Procurement Systeme arbeiten auf Client Seite mit Hilfe von Web Browsern. Die derzeit gängigen Browser sind Microsofts Internet Explorer Version 6.*, Netscape Navigator 6.* bzw. Opera 5.x. Der Vorteil dieser Browser Konzepte liegt in der Ermöglichung von mobilen Lösungen, welche zum Beispiel über PDAs mit deren integrierten Web Browsern unabhängig vom Betriebssystem oder von der eingesetzten Hardware genützt werden können.

11.2.1 SSL (Secure Socket Layer)

SSL wurde ursprünglich von Netscape entwickelt, um die Sicherheitsmöglichkeiten deren Web Browsers, zu erhöhen. Im Jahr 1990 wurde SSL dann durch die IETF (Internet Engineering Task Force / *www.ietf.org*) zu dem jetzigen Standard TLS (siehe Kapitel 11.2.2) weiterentwickelt. SSL wurde geschaffen, um eine geschützte End zu End Verbindung basierend auf dem TCP (Transmission Control Protokoll) zu ermöglichen. SSL läuft auf einem höheren Level als TCP/IP und unter Protokollen höheren Levels wie http oder IMAP. Eine genaue Einbettung von SSL kann Abbildung 57 entnommen werden.

---

[93] Vgl. Potter (2000), PWC, Security Biggest Obstacle to growth in e-Procurement

[94] Vgl. Potter (2000), PWC, Security Biggest Obstacle to growth in e-Procurement

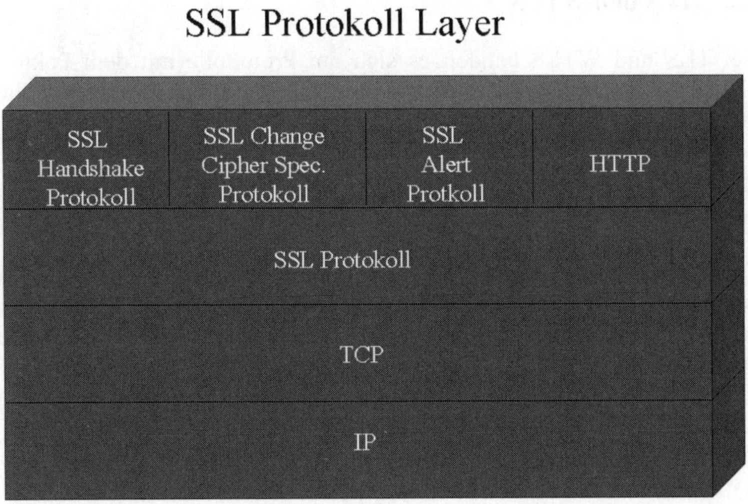

Abbildung 57: SSL Protokoll Layer[95]

Zusätzlich zu der Vertraulichkeit der Daten und der Datenintegrität bietet SSL noch die Unterstützung bei folgenden sicherheitsrelevanten Aspekten der Internetkommunikation:

11.2.1.1 SSL Server Authentifizierung

Diese erlaubt den Usern eine Identifizierung der Identität eines Servers. Dabei werden das Server Zertifikat und die public ID eines Servers über einen Zertifizierungsdienstanbieter überprüft.

11.2.1.2 SSL Client Authentifizierung

Dieses Feature erlaubt einem Server, die Identität eines Clients zu überprüfen.

11.2.1.3 Zertifikate welche das SSL Protokoll benützen

Derzeit gibt es mehrere Typen von Zertifikaten, welche das SSL Protokoll benützen.

- SSL Server Zertifikate (siehe 11.2.1.1)
- SSL Client Zertifikate (siehe 11.2.1.2)
- S/ Mime Zertifikate, welche für verschlüsselte und digital signierte e-Mails verwendet werden
- Objekt Zertifikate, welche zur Identifizierung von Java Code, Java Scripts und Single Sign On Lösungen verwendet werden

---

[95] Vgl. IETF (2001), www.ietf.org

11.2.2 TLS und WTLS

Bei TLS und WTLS handelt es sich um Protokolle mit dem Fokus auf den MOBILEN Bereich. Da viele Unternehmen die Möglichkeit nutzen wollen, ihren Mitarbeitern die Beschaffungsmöglichkeiten auch unterwegs anbieten zu können, sind diese Protokolle von zunehmender Bedeutung. Diese dienen dazu, Mobile Devices und Handhelds den Zugriff auf zum Beispiel e-Procurement Server zu ermöglichen.

TLS ist nichts anderes, als die vom IETF (Internet Engineering Task Force) standardisierte und angepasste Version SSL 3.1. Obwohl die Ähnlichkeit zu SSL 3.1 sehr groß ist, gibt es ein paar kleine Unterschiede (wie zum Beispiel in der Versionsnummer und den Fehlermeldungen). Bis zur nächsten Version von TLS können smart cards nicht (für die Authentifizierung über digitale Signaturkarten bei e-Procurement Anwendungen) verwendet werden. Der Zweck von WTLS eine Transport Layer Sicherheit zwischen dem WAP Client und dem WAP Gateway / Proxy zu bieten.

11.3 Appliance Applikationen für die Reduktion der TCO

Durch die immer größeren Anforderungen von Software an Hardware und Speicherkapazitäten (man denke hier an den Bedarf an RAM, HD-Kapazitäten, Prozessorleistung etc.) kommt es zu einem immer größeren Aufwand für die Administratoren dieser Systeme, da jede Erweiterung der Hauptsysteme ebenfalls eine Erweiterung der nachfolgenden Systeme mit sich bringt. Bei einer Serverumstellung müssen ebenfalls die Kapazitäten der Backup Systeme und der Netzwerktechnologie erweitert werden. Da heute sehr viele Unternehmensapplikationen nicht einmal mehr mit einem einzigen Server auskommen, sondern zumeist mehrere Server in einem Clustersystem benötigen, wirkt sich dieser Umstand noch verstärkt auf die „Administrationsbedürfnisse“ des Systems aus.

Abhilfe versprechen hier die Hersteller von Hardwareplattformen in Kooperation mit den Softwareherstellern durch das Anbieten von sogenannten Appliances. Unter Appliances versteht man EDV Hardware in Kombination mit Software, welche die Anbieter im vorhinein für bestimmte Zecke zusammengestellt und entsprechend eingerichtet und optimiert haben.

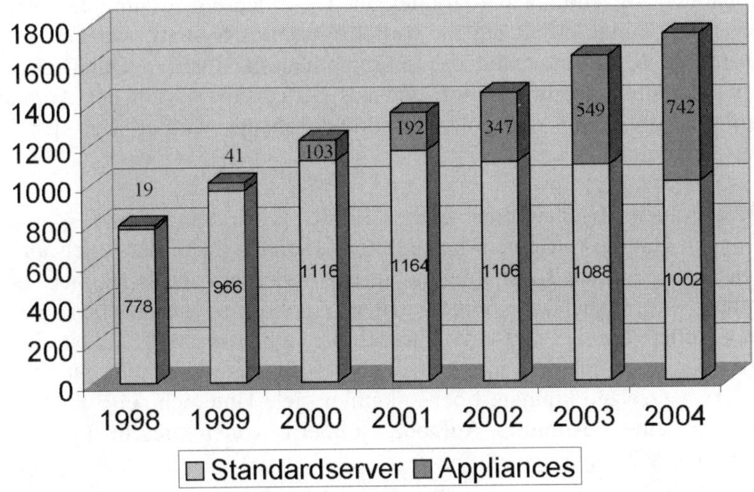

Abbildung 58: Server und Appliance Markt in Westeuropa[96]

Ihr erstes Auftreten hatten Appliance Systeme in Form von sogenannten Pizzaboxen für Internet Provider. Diese dienten den Providern dazu, den Kunden auf möglichst kostengünstige Art und Weise virtuelle Server für die diversen Internetapplikationen zur Verfügung zu stellen. Die einfache Wartbarkeit, die schnelle Verfügbarkeit und die Erweiterungsmöglichkeiten zählten für Internetprovider (aber auch für Betreiber von Rechenzentren) zu den herausragendsten Eigenschaften von Appliances.

Appliances basieren zumeist auf einer abgespeckten Variante eines Open Source Betriebssystems. Es werden nur jene Komponenten installiert, welche für den jeweiligen Einsatzzweck des Servers benötigt werden. Dies unterscheidet auch Appliances von normalen Servern mit Open Source Betriebssystemen. Diese müssen immer eine komplette Installation des Betriebssystems vorweisen, wodurch sie auch anfälliger für Probleme und Hackerangriffe werden. Von diesem Standpunkt betrachtet stellen Appliances auf eine gewisse Art und Weise proprietäre Systeme dar. Interessanterweise liegt in dem proprietären Ansatz und dem abgespeckten oder auf spezielle Bedürfnisse ausgelegten Betriebssystem aber auch eine der Stärken von Appliances. Durch ihre spezielle Ausrichtung und Konfiguration sind diese bedeutend schwieriger zu hacken und auch weniger störanfällig.

Im Umfeld von e-Procurement bedeutet dies, dass erste Hersteller dazu übergehen, ihre e-Procurement Desktop Purchasing Systeme auch als Appliances anzubieten. Oracle bietet zum Beispiel in Kooperation mit HP Appliances für

---

[96] Vgl. IDC (2001), Angabe ist in tausend Stück

viele e-Business Anwendungen (darunter auch e-Procurement) und Datenbanksysteme an. Der Kunde erhält ein fix vorkonfiguriertes System, welchem er nur noch die interne IP Adresse und die unternehmensspezifischen Daten angeben muss. Einen Großteil der Installation und des Setups übernimmt der Appliance Server automatisch, oder die entsprechenden Schritte wurden bei der Vorkonfiguration bereits durchgeführt.

Es gibt aber auch Gegenstimmen zu diesem Trend, die meinen, dass Appliances einfach nur ein Bundle mit einem bestimmten Betriebssystem darstellen und die Vorteile bei weitem nicht so überragend seien. Außerdem sei es fraglich, ob IT Unternehmen ihre bisherigen Server gegen Appliances austauschen werden. Appliances stellen für die meisten Unternehmen nur eine Möglichkeit für den Ersatz eines veralteten Servers dar, werden aber wahrscheinlich nicht gut skalierte laufende Server ersetzen können. Ebenso kaufen viele Unternehmen[97] nicht einen Server nur für eine bestimmte Aufgabe, sondern wollen diesen für mehrere parallel ablaufende Tätigkeiten einsetzen.

Die Anzahl von Appliances wird sich jedoch mit Sicherheit im Laufe der nächsten Jahre enorm erhöhen. Spezielle Anwendungen mit spezifischen Bedürfnissen, wie dies auch im Fall von e-Business bzw. e-Procurement Anwendungen der Fall ist, stellen hier ein großes Potential dar. Viele der Einstellungen auf Betriebssystemseite und auf Seiten der Applikation (wie das Sizing etc.) können bereits vor der Auslieferung durchgeführt werden.

---

[97] Vgl. Pcweek (1998), Some question Oracle plan for simplier database appliances

12 Technologien für die automatisierte Zahlungsabwicklung

Ein weiterer wesentlicher Erfolgsfaktor bei der Implementierung von e-Procurement Systemen ist eine vollkommen automatisch ablaufende Zahlungsabwicklung. Es genügt nicht alleine, die Beschaffungsprozesse zu optimieren – auch alle nachfolgenden Prozesse sollten so weit wie möglich automatisiert ablaufen, um eine schlanke Abwicklung zu gewährleisten.

12.1 Purchasing Cards / P-Cards

Die Funktionsweise der sogenannten Purchasing Card entspricht im allgemeinen in etwa der einer Firmenkreditkarte. Jeder Mitarbeiter erhält eine sogenannte Purchasing Card mit einer zugehörigen Purchasing Card Nummer. Bei sämtlichen Transaktionen im Beschaffungsbereich verwendet der Mitarbeiter seine Purchasing Card. Dadurch kann die Zahlung automatisch ausgelöst werden, ohne dass die Rechnungsabteilung dies vornehmen muss. Des weiteren wird eine leichte Zuteilung der Kosten pro Mitarbeiter möglich. Purchasing Cards existieren aber nicht reell (als Plastikkarten), sondern sind nur eine fiktive Nummer, welche meistens nur innerhalb des Unternehmens eine Bedeutung hat.

Für den Einsatz von Purchasing Cards ist es allerdings notwendig, dass das Kreditunternehmen, welches für das Unternehmen agiert, die Möglichkeit dazu bietet und das „processing" durchführt. Der beteiligte Lieferant muss ebenfalls Purchasing Cards unterstützen, damit das System angewendet werden kann.

Die Vorteile eines Einsatzes von Purchasing Cards im öffentlichen Beschaffungsbereich wären unter anderem:

- eine Vereinfachung des Einkaufsprozesses
- Verbesserung der Zahlungsabwicklung
- verbessertes Cash Management
- verbessertes Reporting
- gesteigerte Auswertungsmöglichkeiten und
- bessere Grundlagen für Beschaffungs-Entscheidungen

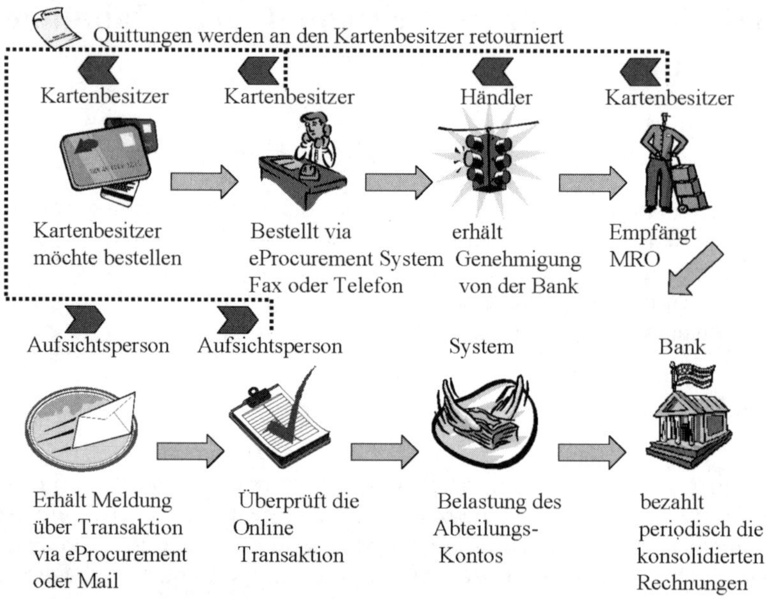

Abbildung 59: Purchasing Card Ablaufdiagramm[98]

12.1.1 Vorteile durch den Einsatz von Purchasing Cards

- Die Purchasing Cards sind mit individuellen Budgets und -Grenzen versehbar
- Der Lieferant erhält regelmäßig eine Zahlung über die gelieferten Waren
- Das partizipierende Unternehmen erhält Sammelrechnungen von allen Lieferanten und allen Bestellern
- Automatische Einspielung von Datensätzen in das Rechnungswesen und Controlling über diverse Schnittstellen

12.2 Gutschriftverfahren

Bei dem Gutschriftverfahren handelt es sich um ein Verfahren zur Abwicklung von Zahlungsströmen ohne Rechnungslegung. Das Gutschriftverfahren wird nicht nur bei e-Procurement, sondern auch bei Just in Time Prozessen häufig eingesetzt, um den Aufwand auf ein Mindestmaß zu reduzieren. Unternehmensberater empfehlen häufig bei der Umstellung[99] auf ein e-Procurement System ebenfalls Gutschriftverfahren einzusetzen.

[98] Vgl. Stanford University (2001), Introduction to Purchasing Cards

[99] Vgl. Henneberger (2000), KPMG Consulting, e-Procurement Chancen und Nutzen

Bei Einsatz eines Gutschriftverfahrens wird nach erfolgter Lieferung kein Lieferschein an den Lieferanten geschickt, welcher dann seinerseits basierend auf diesen eine Rechnung stellen würde, sondern nach Erhalt der Lieferung erhält der Lieferant eine Gutschriftanzeige (zumeist in elektronischer Form via EDIFACT oder XML). Der Kunde autorisiert via elektronischer Gutschrift den Lieferanten einen bestimmten Betrag einzuziehen[100]. Diese Gutschriftanzeige muss innerhalb einer vorher vereinbarten Frist geprüft, im Falle eines Fehlers reklamiert werden. Nach Ablauf der Frist ist der entsprechende Betrag an den Lieferanten zu überweisen.

[100] Vgl. Allweyer (2001), Was bringt die Beschaffung über e-Marketplaces wirklich?

13 Paradigmenwechsel im Einkauf

Die Rolle des Einkaufs bzw. die des Einkäufers hat sich seit dem verbreiteten Einsatz von e-Procurement Systemen gewandelt. Die Anforderungen an Einkäufer in Großunternehmen haben sich verlagert und sind nun nicht nur IT-lastiger geworden, sondern der Einkauf hat sich zu einer der wichtigsten Querschnittsfunktionen eines Unternehmens entwickelt.

Während die Rolle des Einkäufers früher nicht in erforderlichem Ausmaß gewürdigt wurde hat innerhalb der letzten Jahre ein Umdenkprozess stattgefunden und die Wertigkeit der Position im Unternehmen hat sich erhöht. Der Einkauf ist Entscheidungsträger für 60 - 80 Prozent der Unternehmenskosten (Herstellungskosten)[101] und neben dem Verkauf der wichtigste Wertschöpfungspartner eines Unternehmens.

13.1 Die Rolle des Einkäufers im Wandel durch e-Procurement

Im Zuge der letzten Jahre hat sich ein Wandel der Bedeutung des Einkaufs für das Unternehmen vollzogen. Der Leiter des Einkaufes ist mehr in das „Rampenlicht“ gerückt und wird als wichtiger Entscheidungsträger und Gewinnbringer für Unternehmen angesehen. Die Position des Einkäufers hat an strategischer Bedeutung gewonnen.

Im englischsprachigen Sprachraum kann dieser Wandel schon alleine auf Grund der Berufsbezeichnung nachvollzogen werden. Noch vor zwei bis drei Jahren war Purchasing Agent der bevorzugte Titel vieler Leiter von Einkaufsabteilungen. Heute ist auf den meisten Visitenkarten der Titel **C**hief **P**rocurement **O**fficer[102] zu finden – oder in seltenen Fällen Chief Purchasing Officer. Beiden gemeinsam ist das Kürzel CPO, welches auch im deutschsprachigen Sprachraum immer häufiger anzutreffen ist.

CPO ist aber nicht nur ein neues Kürzel oder ein weiterer Schritt in dem Versuch, jedem Mitarbeiter einen Titel zu verleihen der etwas mit Management zu tun hat, sondern der Terminus steht für eine neue Auffassung von dem Tätigkeitsfeld eines CPO. Zusammenfassend bedeutet der Term CPO in der Praxis, dass[103]:

---

[101] Vgl. Pechek (2001), Fakten und Thesen zum Einkauf 2000

[102] Vgl. Atkinson (2000), What´s in a name, Seite 45 ff.

[103] Vgl. Atkinson (2000), What´s in a name, Seite 45 ff.

- CPOs in der obersten Managementebene angesiedelt sind und direkt an den Geschäftsführer, Vorstandsdirektor oder ein vergleichbares Organ berichten
- Die Bedeutung des Einkaufs sich von einer taktischen zu einer strategischen Bedeutung für das Unternehmen gewandelt hat
- Der Inhaber dieser Position für alle Beschaffungstätigkeiten eines Unternehmens verantwortlich ist, unabhängig von Division, Produkten oder Dienstleistungen
- Der Inhaber dieses Titels über alle Qualifikationen verfügt, welche eine solche Position mit sich bringt

Für viele Einkaufsleiter definiert sich alleine aus diesem Titel ihr Aufgabenfeld und auch das Spektrum ihres Handelns innerhalb eines Unternehmens. Ohne über die entsprechenden Befugnisse in den oben angeführten Bereichen eines Unternehmens zu verfügen, kann die Aufgabe auch nicht verantwortungsvoll durchgeführt werden.

Bei Neubesetzungen von Positionen von Einkaufsleitern setzen diese mitunter das oben angeführte Wirkungsspektrum durch, auch wenn der Vorgänger nicht über ein so weit gefasstes Spektrum verfügte. Zu den neuen Aufgabengebieten der Leiter von Einkaufsabteilungen gehören des weiteren[104]:

- das Management komplexer Prozesse
- strategisches Sourcing
- Entwicklung von e-Business Lösungen und Konzepten
- umfassende Technologiekenntnisse
- Prozessoptimierung und Fokus auf die Prozessgestaltung
- Lieferanten Beziehungs-Management / Lieferanten-Monitoring
- Globales Sourcing / Management internat. Lieferantenbeziehungen

13.2 Job Enrichment bei Mitarbeitern

Ein weiterer positiver Effekt, welcher durch die Einführung eines e-Procurement bzw. Desktop Purchasing System erreicht wird, ist eine erhöhte Zufriedenheit bei den Mitarbeitern.

Die Bedarfsanforderer haben verbesserte Möglichkeiten, in den Beschaffungsprozess Einblick zu nehmen und sich jederzeit über den Status ihrer Bestellung (dieser wird durch das Desktop Purchasing System zumeist graphisch aufbereitet) zu informieren. Falls ein Entscheidungsträger eine Absage erteilt oder noch keine Entscheidung getroffen hat, wird der Entscheidungsträger mit Kontaktmöglichkeit

[104] Vgl. Pechek (2001), Fakten und Thesen zum Einkauf 2000

aufgezeigt, damit sich der Mitarbeiter in dringenden Fällen persönlich mit dem Entscheidungsträger in Verbindung setzen kann.

Die Reduzierung der Ungewissheit über den Status der Bestellung bringt den Vorteil, dass sonst nötige Anrufe in der Einkaufsabteilung zu Informationszwecken unterbleiben können. Diese Anrufe mindern nicht nur die Produktivität des Einkaufes und des Bedarfsanforderers bei Nichtvorhandensein einer entsprechenden e-Procurement Lösung, sondern belasten beide Parteien psychologisch.

Die Entscheidungsfreiheit bei der Wahl des Produktes ist ebenfalls weit besser als ohne ein entsprechendes System. Konnte ein Mitarbeiter bisher nur eine „Computermaus" im Einkauf ordern, so hat er nun die Möglichkeit, sich seine Produkte genau auszusuchen. Der Funktionsumfang (zwei oder drei Tasten Maus), die Farbe, der Anschluss an den PC (Bluetooth oder USB) und der Hersteller können nun genau spezifiziert werden. Zusätzlich wird dadurch auch das Risiko einer Fehllieferung oder einer Falschlieferung praktisch ausgeschlossen. Der Bedarfsanforderer erhält auf diese Art und Weise immer das gewünschte Produkt und muss sich nicht mit einer nicht zu 100 Prozent passenden Alternative zufrieden geben.

Die Autonomie des Mitarbeiters wird erhöht. Die meisten Betriebe ändern bei der Einführung eines e-Procurement Systems die Richtlinien für den Einkauf von geringwertigen Wirtschaftsgütern (dies sollte auch in jedem Fall erfolgen). Es wird den Mitarbeitern nunmehr die Entscheidung über die Anschaffung von geringwertigen Wirtschaftsgütern, zumeist in Verbindung mit einer festgesetzten Freigrenze pro Jahr, übertragen. Die Bedarfsanforderer sind nicht mehr gezwungen, wegen jeder Kleinigkeit (Beispiel: Computermaus) ihre Vorgesetzten zu belästigen – besonders in Fällen, in welchen eine Zustimmung in jedem Fall erfolgen wird. Kein Vorgesetzter wird seinem Mitarbeiter den Wunsch nach dem Ersatz der defekten Computermaus abschlagen. Das Selbstwertgefühl des Mitarbeiters steigt.

Als positiver Nebeneffekt sinkt auch der Administrationsaufwand für Vorgesetzte, da diese nur mehr bei wichtigen Beschaffungsentscheidungen eingebunden werden, und so ein Teil der nicht geliebten Routinetätigkeiten wegfällt. Jedoch steigt für Vorgesetzte und Mitarbeiter der Beschaffungsabteilung die Möglichkeit, exakte Analysen über den Bedarf und die Bestellungen der einzelnen Mitarbeiter durchzuführen. Jederzeitige Analysen, heruntergebrochen auf Mitarbeiter, Produkte, Produktgruppen etc. sind durch e-Procurement Lösungen möglich.

14 Gegenseitige Abhängigkeiten der Hauptfaktoren

Für die erfolgreiche Implementierung von e-Procurement Systemen müssen die Hauptfaktoren ganzheitlich betrachtet werden. Ein Herausreissen einzelner Aspekte aus dem Gesamtprojekt erleichtert zwar die diversen Problemstellungen, mit welchen man pro einzelnem Hauptpunkt zu kämpfen hat, ohne das Gesamtprojekt jedoch im Auge zu behalten, wird ein nachhaltiger Erfolg nicht möglich sein. Wichtig ist, die gegenseitige Abhängigkeit der einzelnen Erfolgsfaktoren stets zu beachten. Einen Gesamteinblick über die gegenseitigen Abhängigkeiten liefert die nachfolgende Graphik.

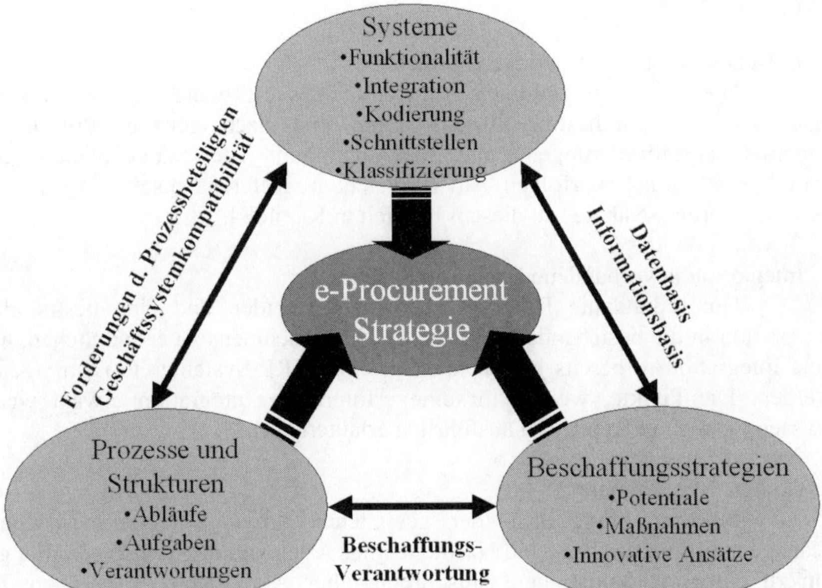

Abbildung 60: Ganzheitliche Betrachtung der Erfolgsfaktoren[105]

Als Hauptfaktoren können genannt werden:

Fokus auf größte Einsparungspotentiale

Um maximale Einsparungseffekte zu erzielen, sollte man sich auf jene Bereiche konzentrieren, welche die besten Ergebnisse versprechen. Eine Aufstellung über Materialien, welche für e-Procurement besonders geeignet sind, finden Sie in Kapitel 1.8.

---

[105] Vgl. Backhaus (1999), e-Procurement – Rezept zur Verbesserung der Wettbewerbssituation

Prozessmanagement

Eine alleinige Umstellung der bisherigen Beschaffungsgewohnheiten eines Unternehmens auf elektronische Art und Weise wird kaum die ge-wünschten Effekte erzielen. Wichtig ist es, im Zuge der Einführung eines e-Procurement Systems auch die Prozesse auf deren Notwendigkeit zu überprüfen (ein Beispiel für eine Veränderung wären Bestellfreigrenzen für Mitarbeiter ohne Genehmigung). Mehr hierzu in Kapitel 1.

Change Management

Um eine große Akzeptanz innerhalb des Unternehmens zu erreichen, müssen alle Mitarbeiter bei der Gestaltung der Prozesse eingebunden und die persönlichen Vorteile für jeden einzelnen Mitarbeiter klar dargestellt werden. Das beste e-Procurement System ist bei fehlender Unterstützung der Mitarbeiter zum Scheitern verurteilt. Eine ausführliche Darstellung dieser Problematik wird in Kapitel 3 gegeben.

Entscheidung für den richtigen Anbieter

Die Wahl des richtigen Anbieters eines e-Procurement Systems oder eines Desktop Purchasing Systems kann erst nach genauer Prüfung der Unternehmensanforderungen und des Umfangs der angebotenen Software/Dienstleistungen erfolgen. Auf vergleichbare Referenzen sollte in jedem Fall geachtet werden. Näheres zu diesem Bereich in Kapitel 4.

Integration in vorhandene Back End Systeme.

Um redundante Dateneingaben zu vermeiden und eine bestmögliche Integration in die bestehenden Prozesse des Unternehmens zu er-möglichen, muss eine Integration in bereits bestehende Systeme (ERP Systeme etc.) durchgeführt werden. Die Punkte, welche für eine erfolgreiche Integration erwägt werden müssen, werden in Kapitel 10 ausführlich erläutert.

Content Management

Bei der Frage nach der geeigneten Art und Weise des Content Management sind die Vor- und Nachteile aller Arten von der Selbstverwaltung bis hin zu einem vollkommenen Outsourcing aller Aktivitäten zu erwägen. Eine Unterstützungshilfe für Entscheidungen in diesem schwierigen Umfeld kann Kapitel 6 bieten.

Entscheidung für verwendete Standards

Für die Wahl der zu unterstützenden Standards für den Bereich des Kataloges wie auch für die Kommunikation mit den am Geschäfts-prozess beteiligten Unternehmen sollte ausreichend Zeit veranschlagt werden. Diese Entscheidungen sollten in jedem Falle (Kapitel 8) in Abstimmung mit den wichtigsten Geschäftspartnern erfolgen.

15 Abbildungsverzeichnis

16 Sachverzeichnis

- Aigner C.(2001), Schaffe, Schaffe!, Industriemagazin Ausgabe 2001/2, Seite120 ff, *www.industriemagazin.at*, Wien
- Akao, Y. (1992), QFD (Quality Function Deployment) - wie Japaner Kundenwünsche in Qualität umsetzen, Landsberg
- Allweyer T. (2001), Was bringt die Beschaffung über e-Marketplaces wirklich?, *www.ecin.de* vom 05.07.2001
- Ariba (2001), Ariba Announces Management Change, Presse-Erklärung vom 19.07.2001, *www.ariba.com*
- Arthur Anderson Consulting (2001), Elektronische Beschaffung in der deutschen Industrie - Status und Trends, Düsseldorf
- Atkinson W. (2000), Whats in a name, Purchasing Magazine Volume 128, June 2000, Boston
- Backhaus, M. (1999), e-Procurement – Ein Rezept zur Verbesserung der Wettbewerbssituation von Unternehmen. In R. Bogaschewsky (Ed.), Elektronischer Einkauf, Gernsbach, Deutscher Betriebswirte-Verlag GmbH.
- BMECat (2001), Neue Version des E-Business Standards Frankfurt/Main, www.bmecat.org, 25.07.2001
- BMÖ (2002), Studie e-Procurement in Österreich in Kooperation mit der Donau-Universität Krems
- BMÖ (Bundesverband Materialwirtschaft, Einkauf und Logistik in Österreich) (2000), Umfrage e-Procurement und web-basierte Einkaufspraktiken in österreichischen Unternehmen, Donau-Universität Krems
- Bogaschewsky, R. (1999), Electronic Procurement – Neue Wege in der Beschaffung. In R. Bogaschewsky (Ed.), Elektronischer Einkauf, Gernsbach, Deutscher Betriebswirte-Verlag GmbH.
- Buxbaum / Weizel / Lader / König (2001), XML – Konzept und Anwendungen, http://xml.cnec.org/paper/index.htm
- Call G.(1997), Entstehung und Markteinführung von Produktneuheiten, Gabler Verlag, Wiesbaden
- Case Study Ariba (2001), http://fox.rollins.edu, 23.07.2001, Rollins College, Florida USA
- Citybank (1998), Citybank Government Purchasing Card Guide, Citycorporation, *www.citybank.com*, 12.01.2001
- CNET (2001), Catalog Content explodes, *http://www.cnet.com*, 18.01.2001
- Commerce One (2001), Investor Relations *www.commerceone.com*, 14.04.2001
- CommerceOne (2001), Corporate Brochure, *www.commerceone.com*

- Computerwoche (2001), "Unsere Feinde müssen keine Angst haben (15.06.2001) *http://www.computerwoche.de/info-point/cw_news/ details.cfm?id=31485*
- Computerwoche (2001), Anstöpseln und Vergessen, Heft 27/2001, Seite 18,19
- cXML FAQ (2001), *http://www.cxml.org/prnews/faq.cfm* vom 10.08. 2001
- cXML User´s Guide (2001), Version 1.2, *www.cxml.org*; 01.02.2001
- Der Standard (2001), Auch Staat knüpft B2B-Netzwerk, 06.07.2001, Wien, www.derstandard.at
- Derocher B. (2001), Realizing the B2B Procurement Vision - Trends, Challenges and Best Practices, Deloitte Consulting Second Annual Study, New York
- Die Presse (2001), Bußgeld für SAP vom 25. 07.2001 Seite 19
- Doberschütz R. (2001), Kritische Erfolgsfaktoren für den Absatzkanal Internet, Präsentation *www.e-Comm.at* Initiative, Linz, 17.05.2001
- Dolmetsch R. (2000), e-Procurement - Einsparungspotentiale im Einkauf, Addison-Wesely Verlag, München
- Dolmetsch R.(2000), e-Procurement – Sparpotential im Einkauf, Adisson -Wesley, München
- *eCl@ss* Whitepaper Version 0.6 (2000), *www.eclass.de*, 07.01.2001
- *eCl@ss.de* (2001), Änderungen in der *eCl@ss* Version 4.0, *www.eclass.de*, 26.07.2001,
- Eldemann F. (1997), Interaktion in verteilten Systemen, TU Chemnitz, 25.07.1997, *http://archiv.tu-chemnitz.de/pub/1997/0042/node10.html*
- Eyholzer, K.(1999), Electronic Purchasing – Arbeitsbericht Nr. 116, Universität Bern
- Ferreira J., Prokopetz L.(1999), Leveraging the e-Business Marketplace, Business to Business e-Procurement Trends, New York
- Gablers Wirtschaftslexikon (2000), Prozesskostenanalyse
- Gareis, R. (2001), PM Baseline, Projekt mangement Austria, Wien
- Gerlich A., Hoffmann J., Senfelds M.(1998), QFD – Aufwand der sich rechnet, Carl Hanser Verlag, München
- Geyer C. (2001), ebXML Messaging Services Specification Gains RosettaNet Support
- Günther J., Pechek H. (2000), e-Procurement und web-basierte Einkaufspraktiken in österreichischen Unternehmen, BMÖ und Donau-Universität Krems, Wien
- Hacket Group (1998), Heutiger und Zukünftiger Beschaffungsfokus
- Hahne F.(2001), Marktplätze im Internet, Universität Hildesheim/Institut für BWL, Hildesheim
- Hansen R. (1996), Wirtschaftsinformatik I: Grundlagen betrieblicher Informationsverarbeitung. Lucius/Lucius Verlagsg.m.b.H., Stuttgart
- Harvard Business Review (2000), The future of B2B

- Heise Newsticker (2000), Amazon.com entlässt 15 % der Belegschaft, http://www.heise.de/newsticker, 31.01.2001
- Heise Newsticker (2001), IBM und SAP bauen weltweite Allianz aus vom 13.06.2001, *www.heise.de*
- Heise Newsticker (2001), SAP kauft weitere Anteile von CommerceOne vom 29.06.2001, *www.heise.de*
- Heise Newsticker (2001), Schöne Bescherung: 13 Hightech-Werte fallen aus Nasdaq 100 (18.12.2001), www.heise.de
- Heise Newsticker (2001), Update für e-Business Standard UDDI vom 18.06.2001, *www.heise.de*
- Henneberger S. (2000), e-Procurement Chancen und Nutzen, KPMG Consulting, Mannheim, 28.09.2000
- Hohaus W. (1999), Zehn vor Zwölf für den Einkauf, Diebold Management Report Nr. 10/11-1999, *http://www.ebxml.org/news/pr_20010427.htm*, OASIS
- Hümpel, C., Schmitz, V. (1999), Spezifikationen BMEcat® Version 1.01, Fraunhofer IAO, Stuttgart.
- Informationweek.com (2000), Getting an Edge on the Competition, Aug. 28, Seite 69
- Introduction to B2B (2000)
- Kamiske G.(1994), Quality Function Deployment – oder das systematische Überbringen von Kundenwünschen, in Marketing ZFP, Ausgabe 3/1994
- Kamiske, G., Malorny C., (1992), Total Quality Management – Ein bestehendes Führungsmodell mit hohen Anforderungen und großen Chancen, in Führung und Organisation, Mai 1992
- Kasaj K.(2001)Oracle - e-Procurement Präsentation, Wien, Juni 2001, Oracle Austria GmbH
- Kim M. (2000), Microsoft e-Business and OBI Präsentation, http://www.openbuy.org/obi/events/presentations/Microsoft-OBI.ppt
- KPMG (2001), eTerms Verzeichnis *www.kpmg.de/servies* vom 07.07. 2001
- KPMG (2001), Präsentation: Klassifizierung Beschaffungslösungen nach Auto-atisierungspotential und Bedeutung
- Kurbel K.(1990), Programmentwicklung, 5. Aufl.; Gabler-Verlag, Wiesbaden
- Löll C.(2002), Elektronische Marktplätze – der Euphorie folgte Ernüchterung, *www.heise.de* vom 02.07.2002
- Manager-Magazin.de (2001), Stärken und Schwächen, *www.manager-magazin.de* vom 05.01.2001
- Michlits R.(2001), Wissenschaft macht Markt, Industriemagazin, Heft 12, Wien, www.industriemagazin.at
- Möhrestädt; G., Bogner P., Paxian S., (2000), Electronic Procurement planen – einführen - nutzen, Schäffer-Poeschel Verlag, Stuttgart

- Nekolar A.(2000), Neue Impulse für Österreichs Beschaffungswesen - Mit e-Procurement den Einkauf optimieren und Kosten sparen, Austria Pro
- Nekolar A.(2000), Procurement vom Experten, e-Commerce Austria, Oktober
- Newman N. (2001), The Origins and Future of Open Source Software / http://www.netaction.org/opensrc/future/
- Niemann F. (1999) Biztalk versus XML.org, *http://www.computerwoche .de/info-point/top-news*, 15.12.1999
- OBI Consortium (2001), Open Buying on the Internet – Executive Summary, *http://www.openbuy.org/obi/library/white-paper.html*
- OLTP Definition (2001), Tech Target *http://whatis.techtarget.com /definition/0,289893,sid9_gci214138,00.html* vom 15.08.2001
- Open Source Org.(2000), Open Source Software a new development Methodology, *http://www.opensource.org*, 17.03.2001-04-26
- OpenTrans(2001), Spezifikation Version 0.91, Frankfurt/Main, *www. bmecat.org*, 25.07.2001
- Oracle Firmenportrait (2001), www.oracle.com , Stand 06/2001
- Pang A.(2000), e-Business Software Applications Market Forecast and Analysis 2000–2004. IDC Software Research
- Pcweek Nummer 15 (1998), Some question Oracle plan for simplier database appliances, Dezember 1998
- Pechek H.(2001), Fakten und Thesen zum Einkauf 2000 Präsentation, Donau-Universität Krems, Krems (Österreich)
- Peschke A.(2001), Grundlagen des Projektmanagements, Next Level Consulting, Wien
- Pfriemer M., Pechek H.(2000), e-Procurement und webbasierte Einkaufspraktiken in österreichischen Unternehmen. Donau-Universität Krems
- Phillip C., Spitler K. (1998), Using the UN/SPSC – White Paper, Granada Research, El Granada.
- Poole K. (1999), Content Management – Critical Success Factor for e-Procurement, Ernst&Young LLP, San Franzisco
- Potter C. (2000), Security biggest obstacle to growth in e-Procurement in Europe, PriceWaterhouseCoopers, *http://www.pwcglobal.com*
- Prosser A., Müller R.: Öffentliche Beschaffung mittels Electronic Commerce. In: Wirtschaftsinformatik (WI), (2000)
- Rebold H. (2001), Handelprotokoll, *http://www.zdnet.de*
- Reibold H. (2000), UDDI, *http://www.zdplanet.de*, 22.03.2001
- Remote Procedure Call (2001), Die Linuxfibel, *http://www.linuxfibel.de* vom 13.08.2001
- RosettaNet (2000), RosettaNet – Information Technology and Technical Dictionary
- SAP Firmenportrait (2001), SAP AG Februar 2001, Walldorf (Deutschland)

- SAP Investor Relations (2001), *www.sap.de* vom 21.07.2001
- SAP Orientiert sich neu – Neue Strategie – neue Partner und mehr Offenheit (2001), Computerwelt 25 /KW26/2001
- SAP Verstärkt Partnerschaft mit CommerceOne – SAP Pressearchiv vom 29.06.2001, Kalifornien (USA)
- Schnitzer, H. (2000), B2B Marktplätze: Old Economy schlägt zurück?, Universität Würzburg
- Stanford University Controllers Office(2001), Introduction to purchasing Cards, Stanford University, Stanford / California, *http://co.stanford.edu*
- Strenn M./Rausch T. (1999), XML und e-Business, *http://www.infosys .tuwien.ac.at/Teaching/Courses/AK2/vor99/t2*
- Sullivan J. (1999), Client – Server Definition – Whatis?com, *http://iroi.seu.edu.cn/books/whatis/clientse.htm* vom 08.10.1999
- Tepper C. (2000), Getting an Edge on the Competition, in: Informationweek, *http://www.informationweek.com*, 28.08.2000
- TheStandard (2001), It´s not low prices that bring companies online, *http://www.derstandard.com*, 05.12.2000
- TPN Register (1999), Content Management: Key to the Success of Internet Procurement – White Paper, TPN Register, Rockville.
- TPN Register (2000), The Secret to speeding your Internet Procurement ROI – White Paper, TPN Register, Rockville
- Uddi.org (2000), UDDI Technical White Paper
- Universität Hamburg (1997), Middleware Architekturen, *http://avs-www.informatik.uni-hamburg.de/teaching/ss-96/vortrag1/def.htm*
- Universität Karlsruhe (1999), Digitale Zahlungssysteme *http://goethe.ira .uka.de/seminare/dzs/hbci/*
- Upsidetoday (2001), Should Buyers pay suppliers, *http://www .upsidetoday.com*, 18.01.2001
- Wächtler P. (1998), LDAP - Überblick über das Chaos, *http://www.linux-magazin.de/ausgabe/1998/09/LDAP/ldap.html* vom 08.04.2001
- Wendin C. (2001), Slash purchasing costs with e-procurement, *http://www.zdnetinida.com*, 29.06.2001
- What does Ariba do ? (2001), *www.ariba.com*, 14.05.2001, Kalifornien – USA
- Wolf R. (2000), Der Trend geht zur e-Beschaffung, in: Monitor – Das Magazin für Informationstechnologie, Seite: 20,21
- Workflowmanagement.de, (2000), *http://www.workflowmanagement.de*, Zuordnung von Kosten und Kostentreibern , 14.05.2001
- Zeugswetter W. (2001), Workflowprojekte – Traum und Wirklichkeit, IT-Focus – IDC Branchenmagazin, Juli 2001, Wien

Der Autor

Alexander-Philip Nekolar studierte an der Wirtschaftsuniversität Wien Betriebswirtschaftslehre und spezialisierte sich im Rahmen seines Studiums auf den IT Sektor. Nach seiner dreijährigen Tätigkeit als EDV Systemprüfer bei der Consultatio Wirtschaftsprüfungs GmbH wechselte er 2000 in den Produkt-, Technologie- und Strategiebereich der Telekom Austria (Business Solutions) – Österreichs größtem IT Unternehmen. Dort übernahm er zuerst als Produktmanager den e-Procurement Bereich und leitete dann in seiner Funktion als Projektleiter die Implementierung von e-Procurement Systemen bei international tätigen Unternehmen. Neben dieser Tätigkeit verfasste er seine Dissertation über kritische Erfolgsfaktoren bei der Implementierung von e-Procurement Projekten.

Auf Grund seines Fachwissens im e-Procurement Bereich ist Nekolar auch als Vortragender an der Donau Universität Krems und bei zahlreichen Seminaren und Konferenzen (BMÖ, eDay, eCaustria, IDC, IIR, OAF, SMI etc.) in diesem Bereich tätig. Er publizierte Artikel und Fachbeiträge in Zeitungen und Magazinen zu diesem Thema.

Druck: Strauss Offsetdruck, Mörlenbach
Verarbeitung: Schäffer, Grünstadt